JN061138

岩 谷 暢 子

国連って誰のことですか

巨大組織を知るリアルガイド

信山社ブックレット

はじめに

　「『国連』は，『国際連合』の略です。」「国際連合は，国際の平和と社会の発展のために国家が1945年に作った国際機関です。」

　というのが，国連とは何ですか？という質問に対して，一般的にされる説明ではないかと思います。「国家」や「国際機関」などの単語を交えて説明されると，何だか分かったような気になりますが，実際のところ，その具体的な姿は，よくわからないという人が多いのではないでしょうか。

　「国連って，あの高層のガラスの建物のことだよね？」

　「国連って，大統領とか総理大臣が演説しているのは知っているけど，ものごとを決めているのは事務総長なの？」

　「国連は悪い国を懲らしめることはできないの？」

　「国連の分担金が少なくなると，発言権も小さくなるって本当？」

　こんなことを尋ねられたら，知っていたようで，でもちょっと答えに困ってしまうのではないでしょうか？

　「国連」というとき，それは建物を指すことも，総会や安全保障理事会のような協議の場を指すことも，国連事務総長を指すこともあります。あるいは，メンバーである加盟国の集合体そのものを指すこともあります。このように色々異なるものを，どれも同様に「国連」というのでは，一部を聞いただけでは，どのような意味で使っているのか分かりにくく，誤解を招くこともあります。また，具体的な姿がよくわからないのは，色々な異なる意味や役割があるものが，しばしば「国連」という言葉だけで表されていることも理由の1つかもしれません。ですから，使う側も，具体的な意味を整

理して「国連」に関連する言葉を使う必要があります。

　加盟国が会議をやったりしている建物のことを指すときには，「国連本部」や「国連事務所」という言葉を使うことが多いです。総会や安全保障理事会などは，「国連加盟国」がつくる協議体で，国連の活動を決定している，いわば国連の主役です。そして，国連事務総長というのは，国連の事務を取り扱う職員の長で，このような職員の組織のことを「国連事務局」といいます。

　この本では，国連本部や国連の建物のことからはじめて，国連憲章と加盟国のこと，国連にかかわる「ひと」のこと，国連の組織のこと，「おかね」のこと，そして国連での意思決定のことについて，「知っているつもりだったけれど，いざ訊かれたら説明に困る」ような疑問のいくつかをとりあげながら，この巨大な国際組織のリアルな姿を紹介したいと思います。また，興味をもった部分については発展的に理解を深めてもらえるように，各話題の末尾に，関連する話題や，さらに知りたいときに参考になる本などの紹介を含めました。

　2020 年 8 月

　　　　　　　　　　　　　　　　　　岩 谷 暢 子

目　　次

Ⅵ　国連は役に立たないと言われているけど，本当に
そうなの？

国連って誰のことですか

I

国連って，建物のこと？

◆ 国連の拠点や建物について ◆

1 国連本部はどこにあるのですか？

> 国連憲章には国連本部についての規定がない？
> ニューヨークの国連本部はどうやってできた？

国連本部は，どこにあるのでしょう？

「ニューヨークでしょ？」

これは皆さんご存知だと思います。

それでは，国連の本部施設とはどういうものでしょう？

「国連って，テレビや新聞でよく見る，あの高層のガラスの建物のことだよね？」

ニュースで，各国国旗が並ぶ前でレポーターがマイクを持って話す背後に写っている長方形の建物，これは国連なのでしょうか？答えは，イエスでもあり，ノーでもあります。

写真1　NY国連本部施設の外観

　「国連」は，そのメンバーシップの全てが合意した約束事である
「**国際連合憲章（Charter of the United Nations）**」，通称「国連憲章」
にもとづいて活動しています【ここを参照 ☛ Ⅱ1「国連のメンバーシッ
プってどういうことですか？」】。実は，この国連憲章には，加盟国が協
議を行う恒久的施設及び事務局機能を実施する**国連本部**についての
規定がありません。これは，国連憲章起草当時にはまだ，国連の本
部所在地について定まっていなかったからです。国連本部の候補地
としては，ほかにフィラデルフィア，ボストン，サンフランシスコ
が検討されていました。また1946年2月14日に採択された総会決
議25 (I)では，国連の恒久的な本部を，ウェストチェスターやフェ
アフィールド（コネチカット州），つまりニューヨーク近郊に設置し，
ニューヨーク市内には一時的な本部を設置する，と決定していまし
た。つまり，1945年に国連が発足してしばらくの間，この機関の
拠点，つまり恒久的な本部は，定まっていなかったのです。

　ロックフェラー家のメンバーであり，資本家・慈善家のジョン・
D・ロックフェラー2世（John Davidson Rockefeller, Jr.）からの土
地購入費850万ドルを寄付するとの申し出をうけ，国連本部の所在
地をニューヨークとすることが決定されたのは，1946年12月14
日に採択された国連総会決議100 (I)によってです。この決議では，
国連の恒久的な本部を，ニューヨークのファーストアベニュー，48
丁目，イーストリバー，42丁目により囲まれたエリアに設置する
ことを決定しました。ただし，この時点では，この土地には建物は
なにもありませんでした。今私たちが見ているような国連本部施設
ができあがるには，このあと更に6年がかかりました。

　現在の国連本部の施設の設計にあたっては，アメリカの建築家
ウォレス・ハリソン（Wallace K. Harrison）を計画責任者とし，ル・

コルビジェ（Le Corbusier, フランス）やスヴェン・マルケリウス（Sven Gottfried Markelius, スウェーデン），オスカー・ニーマイヤー（Oscar Niemeyer, ブラジル）など戦勝国の11名の建築家からなる設計理事会（Board of Design）が構成されました。1946年より，この設計理事会と加盟国代表による本部委員会，リー事務総長（当時）【ここを参照 ☞ Ⅲ4「もっと知る　歴代の国連事務総長」】との間で協議が繰り返され，1949年に建設工事に着工，1952年にかけて，約6500万ドル（当時）をかけて建設されました。この費用は，加盟国の分担金【ここを参照 ☞ Ⅴ4「国連の分担金額はどうやって決まるのですか？」】によって賄われました。

　1952年に今のような国連本部施設の建物が完成するまでは，ロンドンやパリ，ニューヨーク郊外などで，主要機関の会合が開催されました。

　国連本部施設のエリアは，周辺とは壁や門で仕切られており，この内側は，国連事務局が所有する土地であり，**国連特権免除条約**【☞もっと知る①】によってホスト国の主権からも不可侵とされています。例えば，アメリカのニューヨーク市の警察は，ニューヨークの国連本部施設内には自由に立ち入ることはできません。その代わりに国連事務局の警備員が，国

写真2　手前が総会議場，奥の長方形の高い建物が事務局棟
United Nations Headquarters, UN Photo by Lois Conner, 09 March 1987

連の基準に従って，施設の保安を担っています【☞もっと知る②】。

　国連本部施設は最近改修されました。2008年〜2016年に行われたこの改修は，**国連本部施設修築計画**（Capital Master Plan）と称されています。修築の主な要因は，老朽化対策と，アスベストの除去でしたが，この機会に，より禁煙に適した環境の整備や，アクセシビリティの向上などが図られました。また事務局棟においてはより柔軟な配置を可能とするオフィスの設計変更がすすめられ，作業空間の有効活用がはかられました。改修の費用は，当初想定の10億ドルを大幅に上回る28億ドルにのぼり，加盟国がこの改修のための分担金を支払いました。改修期間中は，事務局棟の機能が段階的に外部に一時移転されたほか，会議場も臨時の設備に移転されました。国連総会は，第67回（2013年）の一部と第68回（2014年）の2会期にわたり，敷地の北側に設置された仮設の総会議場で開催されました。

写真3　国連本部施設修築計画実施中の敷地北エリア
（ノースローン）に建てられた仮設棟
View of Temporary North Lawn Building Under
Construction, UN Photo by Paulo Filgueiras, 17 July 2009

▌もっと知る

①　**国連特権免除条約**（The Convention on the Privileges and Immunities of the United Nations）

国連の法人格，国連への加盟国代表や国連の職員の地位などに関して，1946 年の第 1 回会期国連総会で採択された条約で，2020 年 1 月現在，193 の加盟国のうち 162 か国が批准しています。国連構内や文書の不可侵，国連の財産の行政・司法・立法上の措置からの免除などが規定されています。

②　**国連の警備**

国連事務局と基金・計画の職員が任務を実施する際の安全確保は，国連事務局に置かれた「安全保安局（Department of Safety and Security）」という局が担っています。以前に置かれていた保安調整官（UNSECOORD）という機能が，2005 年に局として再編されました。ここでは，ニューヨークやジュネーブなどの本部に限らず，国連事務局の活動として展開するあらゆる場所での職員の安全確保のための調査分析や政策策定，警備活動などを行っています。

▌さらに知るには

・『生まれ変わっても国連　国連 36 年の真実』丹羽敏之（2019 年）人間と歴史社

　　日本出身で，国連本部施設修築計画（Capital Master Plan）の執行局長を務めた丹羽敏之さんが，その体験を著書のなかで綴っています。

・*THE UNITED NATIONS at 70, Restoration and Renewal*, Rezzoli International Publications, Inc. 2015

　　国連本部施設修築計画（Capital Master Plan）のもとで実施された修築の記録写真を多く収めています。

2 国連本部施設には何があるのですか？

国連本部施設の機能とは？
テレビで見るあの高層のガラスの建物は何？

写真4 総会議場と事務局棟

　国連本部施設には，国連憲章が規定する機能を実施するための施設，つまり，加盟国が主要機関（オランダのデン・ハーグに置かれている国際司法裁判所【☛もっと知る①】以外）の協議を行うために必要な施設と事務局の施設が置かれています。具体的には，国連本部施設は，総会議場（General Assembly Hall），会議場棟（Conference Building），事務局棟（Secretariat Building），及びダグ・ハマショルド図書館（Dag Hammarskjöld Library）という4つの建物で構成されています。これらを1つずつ紹介していきましょう。

　総会議場（General Assembly Hall）は，45丁目の中央門の正面に位置する，北側が反りあがった大きな建物で，国連本部の中で最も大きな会議場である総会本会議場（Plenary Hall）を擁しています。ファーストアベニューからはよく見えないかもしれませんが，中央部はドーム型の屋根になっています。また，見学ツアーに参加した人達が最初に入る建物でもあります。広場に面した北側の入り口と，ファーストアベニューに向かって設けられた西側の入り口があり，

写真5　総会議場
A GENERAL VIEW OF THE EMPTY GENERAL
ASSEMBLY HALL, UN Photo by Sophia Paris, 05 August
2004

西側の入り口はデリゲーツ・エントランスと呼ばれ，主に各国代表
が使用しています。

　総会本会議場（Plenary Hall）は，毎年9月の国連総会一般討論演
説【ここを参照 ☞ Ⅳ4「国連総会ってどんなところですか？」】が行われる
場所です。設立当初，加盟国の数を60程度と見積もって建設され
ましたが，その後加盟国数が急増したため，1980年に改築されま
した。現在の国連総会本会議場は，国連旗を象ったブロンズのエン
ブレムが中央に配置された演壇（podium），それを囲むように配置
された加盟国の席，計1158席（各国には，前列3席，後列3席の計6
席があてられています），オブザーバー席，傍聴席，同時通訳ブース，
プレス席などが設置されています。演壇の後部にある廊下には，歴
代の国連総会議長の写真が飾られています。また，総会本会議場と
会議場棟とをつなぐホールの両側には，加盟国の国旗が掲げられて
おり，総会一般討論演説に出席する各国首脳のインタビューなどが
行われる場所でもあります。

　総会議場の地下にも 8 の会議場が配置されていて，これらは主に非公式の協議のために用いられています。その中には，イギリスが寄贈した会議室もあり，当時の首相の名前をとって「チャーチル・ルーム」と呼ばれています。

写真6　安全保障理事会での審議の様子
Security Council Considers Situation in Middle East,
UN Photo by Rick Bajornas, 19 November 2018

　会議場棟（Conference Building）には，**安全保障理事会議場**や総会の各委員会，下部機関の協議が行われる会議室が配置されています。安全保障理事会議場は，ノルウェーにより寄贈されました。内部の設計はノルウェーの建築家アーネバーグによるもので，正面にはノルウェーの画家パー・クローグによる大壁画が設置されています。安全保障理事会議場には，演壇はなく，議長を中央としてメンバー国の席を下部が切れた円形（馬蹄形）に配置しているのが特徴です。議長の右隣には事務総長が座ります。安全保障理事会議場は基本的にはクローズド（入場者が限定されている）となっています。壁やカーテンはダークグリーンを基調とした落ち着いた配色で統一され，厳粛な雰囲気を醸し出しています。議場の周辺には，非公式な協議のための小部屋がいくつか設置されています。【安全保障理事会：ここを参照 ☛ Ⅳ5「安全保障理事会とはどのような会なのですか？」】

　経済社会理事会議場は，スウェーデンのマルケリウスが設計し，同国政府が国連に提供しました。経済社会理事会議場には演壇があ

り，メンバー国の席は演壇を一辺とした四角形の三辺を構成するように配置されています。デスクや椅子は明るい色調で配置されています。

写真7　経済社会理事会での審議の様子
Deputy Secretary-General Briefs ECOSOC on Repositioning UN Development System, UN Photo by Manuel Elias, 25 April 2013

　信託統治理事会議場は，デンマークの建築家フィン・ユールの設計によるものです。演壇を中央に，緩い円形にメンバー国の席が配置されています。信託統治理事会は，1994年にその活動を停止しましたが，この議場は，今も様々な委員会のために使われています。

　会議場棟の地下には，6の会議場が設けられていて，これらの会議場と

写真8　改修された信託統治理事会議場
Inauguration of Newly Renovated Trusteeship Chamber, UN Photo by Rick Bajornas, 25 April 2013

総会議場の地下の会議場が，年間約8000の公式・非公式会合の会場となっています。交渉が難航すると，より少ない人数での交渉が会議室外で行われます。そのような交渉は，深夜に及ぶことも珍しくありません。カフェテリアやラウンジ，廊下に置かれたソファも，交渉においては重要な場所なのです。

　私たちがテレビでよく目にする，敷地の東南に建てられた地上

39階地下3階建てのガラスウォールの建物は，**事務局棟**（Secretariat Building）です。国連本部施設修築計画の際には，このガラスウォールも全面的に取り換えられました。この建物に，国連事務局の部局の多くが配置され，約3000人の職員が働いています。事務総長室は38階に置かれています。かつては個室が基本だった事務局棟のオフィスは，修築によって，より柔軟な配置が可能な，オープンな設計に変わりました。でも，全ての部局がこの事務局棟に配置されているわけではありません。収容能力や技術的な必要性，保安上の理由により，この事務局棟ではなくファーストアベニューより西側の建物にオフィスを配置している部局もあります。

　事務局棟のイーストリバー側のエリアには大きな衛星アンテナが設置されており，国連施設の通信を担っています。

　ダグ・ハマショルド図書館（Dag Hammarskjöld Library）は，敷地の南側に建てられた低層の建物で，フォード財団の寄付により1961年に完成しました。在任中に殉職した第2代事務総長のダグ・ハマショルド氏の名前を冠しています。ここには，国連文書だけでなく，国連創設時の記録文書や国際連盟時代の文書も保管されています。また，年とともに劣化する紙の形態での文書を，データで保存する作業も行われています。

　「国連本部はどこにあるのですか？」のはじめの部分で，「テレビや新聞でよく見る，あの高層のガラスの建物」が国連だ，というのは，イエスでもあり，ノーでもあると書きました。「あの高層のガラスの建物」は，上のとおり，**事務局棟**という建物です。でもそれは，国連本部の施設のうち，事務局の機能だけを置いているものです。主要機関の会議施設や加盟国が協議を行うために必要な施設は，**総会議場や会議場棟**であって，これではありません。「事務局棟が

写真9 イーストリバーから見る国連本部施設

国連なのですか」という質問への答えは，事務局棟が国連本部施設の一部であるという意味ではイエスですが，国連加盟国による意思決定が行われている場であるという意味ではノーなのです。【ここを参照 ☛ Ⅲ1「国連本部には，どんな人達がいるのですか？」】

　国連本部の施設には，加盟国から贈られた寄贈品【☛ もっと知る②】が飾られています。その中には，シャガールのステンドグラスや，ピカソの『ゲルニカ』の複製タペストリーなどもあります。事務局棟前の日本庭園には，1954年6月に日本国連協会から寄贈された『平和の鐘』があり，毎年9月21日の国際平和デーを前に鐘を鳴らす式典が行われます。

┃ もっと知る

　①　国際司法裁判所（ICJ: International Court of Justice）

　国家間の紛争を国際法に基づいて解決するために，国連憲章が国連の主要な司法機関として規定している機関で，国際司法裁判所規程（1945年）によって設置されました。総会や安全保障理事会，事務局など他の主要機関が置かれているニューヨークではなく，国際司法裁判所は，オランダのデン・ハーグに置かれています。全ての国連加盟国が国際司法裁判所規程の当事国となり，訴えを裁判手続に付すことができます。また，国連総会及び安全保障理事会，そして総会の許可を得たその他の機関や専門機関は，国際司法裁判所に，勧告的意見（法律的な見解）を求めることができます。

　国際司法裁判所の法廷は，安全保障理事会及び総会の選挙で選ばれた

15 人の判事によって構成されます。事務局（書記局）では，法務や言語などの専門職員，財務や人事を担う職員など 116 名が配置されています。
　（なお，この本では，国際司法裁判所以外の国連主要機関に焦点をあてています。）

　②　国連加盟国からの寄贈品
　加盟国が国連事務局に寄贈品を送りたい場合には，なんでもどのような形でもよいというわけではありません。そのような寄贈は国連事務局に何の財政的負担も発生させない形で行わなければなりません。美術品の場合などは，一定期間ごとにメンテナンスや修繕を必要とするものもありますが，このようなメンテナンスは寄贈した加盟国が実施します。

▌▌ さらに知るには

・*United Nations, The story behind the headquarters of the world,*（写真集）Son Lindman, Mark Isitt, Bokförlaget Max Ström, 2015
　　国連発足直後の設計段階の写真資料など，ニューヨークの国連本部のすみずみまでを記録した写真集です。

国際法や国際司法裁判所についてもっと知りたい人のために
・『国際法の現場から（シリーズ「自伝」my life my world)』小田 滋（ミネルヴァ書房，2013 年）
　　国際司法裁判所に関する本は，専門的な難しいものになりがちですが，この本は，1976 年から 2003 年まで国際司法裁判所の判事を務めた小田滋さんが，国際法と出会ってからの半生を綴られたもので，国際司法裁判所のことだけでなく，国際法に関わる様々な事例や動きについて書かれています。
・『国際法入門〔第 2 版〕』横田洋三（有斐閣アルマ，2005 年）
　　国際司法裁判所について知るということは，国際法というものを知るということです。文字通り入門書として，国際法がどういったものかについて説明することに重点がおかれた，読みやすいサイズの本です。

3 ニューヨークの国連本部施設以外にも「国連」の会議が行われるところはあるのですか？

> ジュネーブでも国連の会議が開かれていると聞いたことがあるけど？
>
> 本部施設が置かれていないところでも，国連の会議を開くことができるの？

　ニューヨークの国連本部施設以外にも，国連加盟国の協議や事務の拠点となっているところはあります。具体的には，主要な「国連事務所」というものが，スイスのジュネーブ，オーストリアのウィーン，ケニアのナイロビに置かれています。これらはそれぞれ国連ジュネーブ事務所 (United Nations Office in Geneva)，国連ウィーン事務所 (United Nations Office in Vienna)，国連ナイロビ事務所 (United Nations Office in Nairobi) と称されていますが，事務局の事務所だけでなく，加盟国の交渉のための会議設備を備えた拠点です。

写真 10　国連ジュネーブ本部と爆弾探知犬
UNOG Bomb-Sniffing Dog, Neo, UN Photo by Jean-Marc Ferré, 28 October 2010

　ジュネーブは，国際連盟の本部であったことから，国連事務所以外にも多くの専門機関【ここを参照 ☛ IV 2「『国連』ということばを冠する機関が色々ありますが，これらは全て国連主要機関の指示を受けて，国連事務局が管理しているのですか？」】や経済関係機関，国際赤十字などの機関が置かれており，歴史的背景もあって軍縮に関する交渉や和平協議が開催されることが多くあります。人権や人道支援に関する部局も国連ジュネーブ事務所におかれています。

写真 11　ウィーン（オーストリア）にある国連事務所
United Nations Office Building in Austria, UN Photo by Mark Garten, 23 February 2007

　国連ウィーン事務所は 1980 年に設置され，国連事務局のうち薬物対策・犯罪や宇宙に関する部局が置かれ，これらの分野の交渉もここで行われています。ウィーンには，ほかに国際原子力機関（IAEA），国連工業開発機関（UNIDO）の本部が置かれています【ここを参照 ☛ IV 2】。国連ナイロビ事務所は，1996 年に設置され，環境や人間居住に関する事務局が置かれ，これらの分野の交渉もここで行われています。

　人権や人道，薬物対策・犯罪や宇宙など，国連事務局の活動に関してこれらの拠点で合意された事項が，ただちに国連加盟国の総意として効力を発するわけではありません。ジュネーブやウィーン，ナイロビで行われた交渉の結果は，ニューヨークで行われている国連総会，あるいは経済社会理事会に報告され，必要な手続きを経て

「国連総会決議」「経済社会理事会決議」として採決されて，はじめて国連の計画上での効力を得ることになります。

この3つの事務所以外にも，国連事務局が管理する大小の事務所が世界の様々な国に設置されています。例えば，地域ごとの経済や社会開発について協議するための「地域経済委員会（Regional Economic Commission(s)）」の加盟国が交渉するための設備と事務局は，タイのバンコク（アジア太平洋経済社会委員会（ESCAP）），レバノンのベイルート（西アジア経済社会委員会（ESCWA），チリのサンチアゴ（ラテンアメリカ・カリブ経済社会委員会（ECLAC）），エチオピアのアジスアベバ（アフリカ経済委員会（ECA））に置かれています。欧州経済委員会（ECE）の事務局は，国連ジュネーブ事務所内に置かれています。

ほかにも，国連事務局の部局の支部としての事務所が多くの国に置かれています。これらの事務所は，他の基金・計画や専門機関の事務所とは，性格も任務も財源も異なりますが，同じ都市にある場合には，経費面や物理的な合理化のために1つの建物やオフィスを共用していることが少なくありません。

主要な国連事務所以外で，多くの加盟国が集まる会合を行うこともあります。「いろいろなコストが安い場所で会合を開催すれば，経費が抑えられるのではないか？」と思うかもしれませんが，実はそうではありません。国連主催の会合を行うためには，会議支援を担当する担当事務部局の要員，事前の設営を行う技術要員，文書の翻訳や議事録を作成する言語スタッフや同時通訳，保安要員など，国連事務局の専門的な要員を現地に出張させる必要があります。また，通常国際会議をあまり行わないような場所である場合には，追

加の設備や機材が必要になります。参加する加盟国にとっても，会合の開催地が，常駐代表を置いているニューヨークやジュネーブなどの場所でない場合には，開催地までの旅費が負担となります。ですから，国連総会決議では，主要な国連事務所以外の場所で会合を開催しようとする場合には，会合を招致したい国が，同様の会合を主要な国連事務所所在地で開催した場合の経費を超える部分を負担することに同意していることを，開催の条件としています。

　通信技術の発達や，仕事の仕方そのものについての世界的な環境の変化に伴い，今後は，こういった会合の支援の形も変ってくるかもしれません。

4　国連本部の施設には，関係者以外は立ち入れないのですか？

> 　国連本部施設の見学ツアーに参加すると，施設の中を見ることができます。

　ニューヨークの国連本部では，平日に国連本部施設の見学ツアーを実施しています。見学ツアーのオフィスで申し込みをして，入構手続きを行うと，ガイドさんが国連本部施設の一部を案内してくれます。【☛ もっと知る①国連広報局】見学ツアーは，国連の公用語6か国語【ここを参照 ☛ Ⅳ3「国連で使用される言語」】のほか，ドイツ語やイタリア語，日本語やポルトガル語などでも，それぞれ特定の時間帯で実施されています。日本人のガイドさんもいます。

　ニューヨークの国連本部施設には，いくつかの入構門があり，そのうち見学ツアーに参加する人が通行できるのが，「ビジターズ・

写真12　NYの国連本部施設を見学するときに通る広場にも，多くの寄贈品が飾られている
Scene at UN Headquarters in New York, UN Photo by Manuel Elias, 10 April 2019

写真 13　国連本部敷地内北庭の一部

エントランス（訪問者用入構口）」です。ここから保安検査を受けて入構すると，まず広い屋外のエリアに出ます。まず視界に入ってくるのは，地球の形を模したような彫刻作品で，イタリア政府からの寄贈品です（『Sphere within a Sphere』（Arnaldo Pomodoro））。銃口が結ばれた形の彫刻は，ルクセンブルク政府からの寄贈品です（『Non-Violence』（Carl Fredrik Reuterswärd）イーストリバー側には，掲揚されている国連旗を見ることができます。回転ドアを通ってロビーに入り，歴代の事務総長のタペストリーを見ながらツアーの集合場所へ向かいます。見学ツアーでは，総会議場や安全保障理事会議場（会合の開催状況によります）などを見学して，75 年にわたり積み重ねられてきた加盟国間の交渉とその成果を感じることができます。なお，夏から秋にかけての国連総会一般討論の前後は，見学ツアーを含めて，関係者以外の立ち入りができませんが，普段はツアーで行かない北庭を歩く特別ツアーが，限定的に実施されることもあります。

4　国連本部の施設には，関係者以外は立ち入れないのですか？

　会議場棟の北側地下のギフトショップは，国連見学ツアーの参加者が入場できるエリアとなっています。また，国連郵便の窓口では，国連切手を購入することもできます【☞ もっと知る②国連の切手】。

もっと知る

①　国連広報局（Department of Global Communications（Department of Public Information より改称））

　国連事務局設置当初より，国連の活動を加盟国の市民によりよく知ってもらうための活動を担ってきた組織です。かつては紙ベースの広報が基本でしたが，技術の進展とともに，ウェブサイト上で各種資料を提供したり，公開の会合の動画を提供したりといったデジタル技術を活用した広報が主流になってきています。国連本部の見学ツアーも，広報局の重要な活動で，見学の中では，「対人地雷」「PKO」「児童の権利」などの重要な課題についての説明を聞くことができます。

②　国連の切手

　国連本部施設には，「郵便オフィス」というところがあって，国連が発行した切手が売られています。ニューヨークの国連本部で売っているものは，ドル建てで，みかけはアメリカ国内で流通している切手と似ているようです。でも，この切手を使って投函できるのは，「郵便オフィス」の脇に備えてあるポストだけで，国連本部施設の外へ出たら，使えません。国連郵便は自身の配送体制を持っていません。では国連本部施設内で投函された郵便物が，どうやって届けられてい

写真14　国連切手の例（非暴力に関する国際デー記念切手）
New UN Stamp Issued for International Day of Non-Violence, UN Photo by Ryan Brown, 02 October 2009.

るかというと，アメリカの郵政当局との取り決めのもとで，配送を委託
していて，国連は委託料を払うことになっているのです。国連ジュネー
ブ事務所，国連ウィーン事務所で発行されている切手も同様に，スイス，
オーストリアの郵政当局と取り決めを結んでいます。つまり，国連切手
は，実際に郵便に使用されるためではなく，基本的に記念品として購入
されることを期待して作られている，歳入源なのです。販売された切手
の全てが投函に使用されれば，国連切手の制度は破綻してしまいます。

　国連に関連する記念日などにあわせて，様々な特別なデザインの切手
が発行されています。見学者にとって，特別な場所から投函した絵葉書
が届くというのは楽しみなことですね。最近では，自分の写真を使って
切手を作成できるサービスも行っているようです。国連本部に行ったら，
国連切手を探してみてはいかがでしょうか。

Ⅱ

国連のメンバーシップって？

◆ 国連憲章と加盟国について ◆

1 国連のメンバーシップってどういうことですか？

> 国連という集まりの約束事を規定したのが、国連憲章です。
> 国連のメンバーシップは、全ての平和愛好国に開放されています。

　会社に定款があるように、国際的な集まり（「国際」機関）にも、設立文書があります。1945 年に、国際連合という集まりを作ることを決めたとき、その集まりの原則や機能、運営の方法、義務などについての約束事を確認した文書が、「**国際連合憲章（Charter of the United Nations）**」、通称「**国連憲章**」です。発足以降に、この集まりに加わろうとする国は、この約束事（国連憲章）を受け入れなければなりません【☞ もっと知る　国際連合の名称について】。

　国連という集まりの<u>メンバーシップ（構成員）</u>について、国連憲章は、次のように規定しています。

「第 3 条　国際連合の原<u>メンバー</u>とは、サン・フランシスコにおける国際機構に関する連合国会議に参加した<u>国</u>又はさきに 1942 年 1 月 1 日の連合国宣言に署名した<u>国</u>で、この憲章に署名し、且つ、第

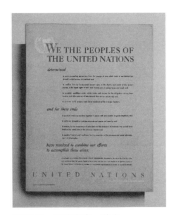

写真 15　国連憲章　前文
UN Photo 26 June 1945, Charter of the
United Nations

110条に従ってこれを批准するものをいう。」

Article 3　The original <u>Members</u> of the United Nations shall be the states which, having participated in the United Nations Conference on International Organization at San Francisco, or having previously signed the Declaration by United Nations of 1 January 1942, sign the present Charter and ratify it in accordance with Article 110.

「第4条

1　国際連合における<u>メンバーシップ</u>は，この憲章に掲げる義務を受託し，且つ，この機構によってこの義務を履行する能力及び意思があると認められる他のすべての平和愛好<u>国</u>に開放されている。」
（下線は筆者による加筆）

Article 4

1 <u>Membership</u> in the United Nations is open to all other peace-loving states which accept the obligations contained in the present Charter and, in the judgment of the Organization, are able and willing to carry out these obligations.

2 The admission of any such state to membership in the United Nations will be effected by a decision of the General

Assembly upon the recommendation of the Security Council.

　国連憲章の多くの和訳では，第3条の書き始めを「国際連合の原加盟国は，」第4条の書き始めを「国際連合における加盟国の地位は，」としていますが[1]，この本ではあえて直訳しました。第3条は，創設の時点でのメンバーシップ，第4条は創設以降のメンバーシップについて書いていますが，いずれも，「メンバーシップ」は，それぞれに規定された条件を満たした「国（state(s)）」であると書いています。この「国」とは，私たちとどのような関係にあるのでしょうか？

　国連憲章は，その前文で，「われら連合国の人民は，われらの一生のうちに二度まで言語に絶する悲哀を人類に与えた戦争の惨害から将来の世代を救」うために，「われらの各自の政府は，サン・フランシスコ市に会合し，全権委任状を示してそれが良好妥当であると認められた代表者を通じて，この国際連合憲章に同意したので，ここに国際連合という国際機構を設ける」と述べています。つまり，国連の活動の客体は，「将来の世代」であり，設置した主体は「人民」の代表者である各自の政府であると述べています。

　「国」とは，国家の要件（領域，住民，実効的支配）を満たしているとして，主権国家として認められた国を指します。政府とは，そのような「国」の統治機構を指します。つまり，国連は，「われら人民」を代表するしくみとして，「国」をそのメンバーシップの基本としているのです。

---

(1)　本書での国連憲章の訳は，特に断りがある場合を除き，基本的に『コンパクト学習条約集〔第3版〕』（編集代表　芹田健太郎，2020年）に所収のものを参照しています。

　さらに，国連憲章第4条は，そのような「国」が次の条件を満たしていることを必要としています。
　1　この憲章に掲げる義務を受託したこと
　2　この機構によってこの義務を履行する能力及び意思があると
　　認められる平和愛好国であること

　このような条件を満たし，国連のメンバーとなった国を，「加盟国（Member States）」と呼びます。
　【ここを参照 ☞ Ⅱ4「国連加盟国の義務とは何ですか？」】

┃ もっと知る

　国際連合の名称について

　「国際連合」は英語で「The United Nations」ですが，第二次世界大戦の際の「枢軸国」（Axis powers）に対して自陣営を指すものとして称していた「連合国」（United Nations）という言葉を，戦後に設置することを検討していた国際組織の名称として採用することになったものです。国際的な機関をあらわす名称として，「Nations」で終わるのはおかしいという意見もあり，設立後一時期は，「United Nations Organization (UNO)」（「国際連合機関」のような意味）とも称していたようですが，次第に使われなくなったということです（吉田康彦（2003年）『国連改革──「幻想」と「否定論」を超えて』集英社，46頁）。なお，フランス語では「Organisation des Nations unies」，スペイン語でも「Organización de las Naciones Unidas」と，「機関」をあらわす単語を入れて標記されます。日本語では，大戦中の「連合国」と区別するために「国際連合」という言葉を使っています。

┃ さらに知るには

・国際連合憲章（Charter of the United Nations）
　　日本語にも翻訳されています。この本で参照しているのは，次の本

です。

『コンパクト学習条約集〔第3版〕』編集代表　芹田健太郎（2020年）
信山社

　原文（英語）は，国連のHPから読むことができます。

　　https://www.un.org/en/sections/un-charter/un-charter-full-
　text/

2　国連加盟国にはどうやったらなれるのですか？

　平和愛好国だと主張するだけでは国連加盟国にはなれません。
　必要な要件を満たし，加盟申請が安全保障理事会と総会に承認されることが必要です。

　国連憲章の第3条は，国連設立当初の国連のメンバーシップについて，次のように規定しています。

「国際連合の原メンバーとは，サン・フランシスコにおける国際機構に関する連合国会議に参加した国又はさきに 1942 年 1 月 1 日の連合国宣言に署名した国で，この憲章に署名し，且つ，第 110 条に従ってこれを批准するものをいう。」

　これにもとづいて原加盟国となった国は，この 51 カ国です。

アルゼンチン，オーストラリア，ベルギー，ボリビア，ブラジル，ベラルーシ，カナダ，チリ，中国（中華民国），コロンビア，コスタリカ，キューバ，チェコスロバキア*，デンマーク，ドミニカ共和国，エクアドル，エジプト，エルサルバドル，エチオピア，フランス，ギリシャ，グアテマラ，ハイチ，ホンジュラス，インド，イラン，イラク，レバノン，リベリア，ルクセンブルグ，メキシコ，オランダ，ニュージーランド，ニカラグア，ノルウェー，パナマ，パラグアイ，ペルー，フィリピン，ポーランド，ソビエト連邦，サウジアラビア，南アフリカ，シリア，トルコ，ウクライナ，イギリス，アメリカ，ウルグアイ，ベネズエラ，ユーゴスラビア*

　　*チェコスロバキア，ユーゴスラビアは，分裂後のそれぞれの国が新規に国連加盟国となったので，今はもうありません。

　これ以降に，国連のメンバーになろうとする主体について，国連憲章は，次のように規定しています。

第4条
1　国際連合におけるメンバーシップは，この憲章に掲げる義務を受託し，且つ，この機構によってこの義務を履行する能力及び意思があると認められる他のすべての平和愛好国に開放されている。
2　前記の国が国際連合加盟国となることの承認は，安全保障理事会の勧告に基いて，総会の決定によって行われる。
（下線は筆者による加筆）

　これらの規定は，国連加盟の要件と手続きについて，次のように述べています。

[要　件]
・1つめの要件は，「国」であることです。
　「国」であるかどうかの判断や「国」としての承認（国家承認）は，主権国家のみが行いうる行為です。各主権国家は，国家の要件（領域，住民，実効的支配）を満たしているかに基づき，他の国家の承認を行います。国連に加盟する「国」として認められるには，国際的に国として認知されていることが必要となります。
・2つめの要件は，「この憲章に掲げる義務を受託し」ていることです。つまり，国連憲章を批准して，「義務の受託」を公式に整えていることが必要です。国連憲章第110条は，「この憲章は，署名国によって各自の憲法上の手続に従って批准されなければならない。」と規定しています。
・3つめの要件は，「この機構によってこの義務を履行する能力及び意思があると認められる」ことです。国連憲章の前文や第1条は，

「加盟国」に,それぞれの国民のみならず,世界の諸国の人々のために行動することを求めているといえます。この条文に続く国連憲章第4条第2項は,「前記の国が国際連合加盟国となることの承認は,安全保障理事会の勧告に基いて,総会の決定によって行われる。」と規定しており,ここでいう「この機構」とは,加盟国により構成される意思決定機関(安全保障理事会,総会)を指すと考えられます。

・さいごに,平和愛好国であることが必要です。

[手　続]

　国連で意思決定を行うのは,メンバーである加盟国です。従って,この「承認」も加盟国(安全保障理事会,総会)が行います。

　国連の加盟国となろうとする国は,まず,新規加盟の申請書を,国連憲章のもとでの義務を受託することを公式に述べた文書とともに,事務総長に宛てて提出します。事務総長は,この申請書類を,安全保障理事会に付託します。これを受けて,安全保障理事会がその申請について,「この義務を履行する能力及び意思があると認められる」かどうかを含めて,審議を行い,採決を行います。採決の結果,15か国の理事国のうち9か国の賛成を得,また常任理事国である5か国のいずれも反対票を投じていない場合には,安全保障理事会は当該の国の加盟の承認を勧告することを,総会に報告します。

　総会は,国連の全加盟国で構成される意思決定機関です。安全保障理事会からの勧告に基づき,3分の2以上の賛成票が得られた場合には,新規加盟の承認が決議により決定されます。この決議が採択された日が,当該国の新規加盟の日となります。

　1960年代には,かつて植民地であった国の独立が相次ぎ,大量の新規加盟がありました。また,1990年代以降は,東欧の旧共産

圏の国の分裂や新規加盟，また比較的小規模な国【☛ もっと知る①マイクロ・ステーツの国連加盟国】の新規加盟があり，21 世紀に入り，国連加盟国は世界地理的にかなり広がりました。近年では，このような新規加盟申請が行われるのは，これまで外交関係を他の国に委任していた国が独自に加盟申請を行う場合や，国家の解体や分裂，統合等の変動により新国家が形成された場合などが中心です。政治体制の変更等により，ある加盟国の名称が変わった場合などは，新規加盟の問題ではなく，基本的には，事務総長への書面での通報によって処理され，事務総長はそれを全加盟国や関係機関に通知します。【☛ もっと知る②国連加盟の後で国名を変更した国】

　国名の変更が，合併など領土の変更を伴う場合であっても，その国の国際法上の法人格に大きく影響しない限り，国連加盟国としての地位には影響しない，というのが，1963 年時点での国連事務局法務部の法的見解でした[2]。これは，当時の「マラヤ連邦（Federation of Malaya）」（1957 年加盟）が，シンガポールとボルネオ島の二州（サラワクとサバ）とともに連合を形成し「マレーシア（Malaysia）」として国名変更を行った際のことですが，当時この地域の主権について疑義を呈していた国との間で議論がありました[3]。

---

(2)　Membership of Malaysia in the United Nations, Note by the Secretary-General, Legal opinions of the Secretariat of the United Nations (United Nations Juridical Yearbook 1963, Part Two. Legal activities of the United Nations and related inter-governmental organizations, Chapter VI. Selected legal opinions of the Secretariats of the United Nations and related inter-governmental organizations に所収).

(3)　A/5676/Rev.1 Credentials of representatives to the eighteenth session of the General Assembly, Report of the Credentials Committee (14 December 1963), A/5574 Letter dated 15 October 1963 from the Chairman of the Philippine delegation to the United Nations addressed to the President of the General Assembly.

【国連加盟国がなくなる場合については，ここを参照 ☞ Ⅵ 5「国連を脱退することはできるのでしょうか？」[脱退以外で，ある国が加盟国でなくなる場合とは？]】

┃ もっと知る

①　マイクロ・ステーツの国連加盟国

1992 年に国連に加盟したサンマリノ（サンマリノ共和国），1993 年に国連に加盟したアンドラ（アンドラ公国），モナコは，いずれも人口が 10 万人以下の国です。サンマリノはイタリア半島の中東部に位置し，現存する世界最古の共和国として知られています。アンドラはスペインとフランスに挟まれたピレネー山脈に位置し，1993 年に憲法を採択し，カタルーニャ州のカトリック教会ウルヘル司教区の司教とフランス大統領による共同大公を元首とする独立国家となりました。モナコはフランスとイタリアの国境近くに位置する都市国家です。このような，領土の面積や人口において非常に小さい国（マイクロ・ステーツ）は，ヨーロッパだけでなく，カリブ海や太平洋にもあります。

例えば，太平洋のキリバス，ナウルは 1999 年に，ツバルは 2000 年に国連に加盟しました。キリバスとツバルはかつてのイギリスの植民地，ナウルもイギリスの支配下にあり第二次世界大戦後国連の信託統治領になったのち，いずれも英連邦の独立国として独立しました。キリバスの人口は約 11 万人，ナウルとツバルは約 1 万人前後という小さな国です。

このような国も，国連においては 1 票の投票権を有し，代表が様々な委員会において交渉を行っています。

②　国連加盟の後で国名を変更した国

これまでに，国の外形には変更がない形で国名を変更した国の数は，20 以上あります。「フィリピン共和国（Philippine Republic）」（1945 年加盟）が「フィリピン（Philippines）」（1947 年変更）のように，「共和国」ということばが国名に加えられたり外されたりする場合には，以前の国名とのつながりを想像しやすいですが，歴史的な経緯を知らないと，

変更前後の国名のつながりが想像しづらいものもあります。例えば，「タイ（Thailand）」は，1946年に加盟した際には「サイアム（Siam）」でした（1949年国名変更）。「スリランカ（Sri Lanka）」は，1955年に加盟した際には「セイロン（Ceylon）」でした（1991年国名変更）。アフリカでは，「ベナン共和国（Republic of Benin）」（←「ダホメ（Dahomey）」，1960年加盟，1974年国名変更），「ブルキナファソ（Burkina Faso）」（←「アッパーボルタ（Upper Volta）」，1960年加盟，1984年国名変更），「エスワティニ（Eswatini）」（←「スワジランド（Swaziland）」，1968年加盟，2018年国名変更）などの例があります。

　なお，すでに国連加盟国である2つの国が1つの国として合体した場合には，新たな加盟申請は必要なく，事務総長への通報で処理されています。例えば，「タンガニーカ（Tanganyila）」（1961年加盟）と「ザンジバル（Zanzibar）」（1963年加盟）は，1964年に「タンガニーカ・ザンジバル連合共和国（United Republic of Tanganyika and Zanzibar）」という1つの加盟国として国名を変更しました（のちに「タンザニア連合共和国（United Republic of Tanzania）」に変更）[4]。「エジプト（Egypt）」と「シリア（Syria）」（いずれも1945年加盟）は，1958年に「アラブ連合共和国（United Arab Republic）」という1つの加盟国として国名を変更しました[5]。（ただし，1961年にシリアが連合を離脱して，元の「シリア（Syria）」という国名で国連での加盟国としての活動を再開し，シリア離脱後のアラブ連合共和国は1971年に「エジプト・アラブ共和国（Arab Republic of Egypt）」に国名変更しました。）

▌さらに知るには

・国連加盟国の推移については，国連事務局のHPで年毎に整理されているものがあります。

https://www.un.org/en/sections/member-states/growth-united-

---

(4)　A/5701 Note Verbale dated 14 May 1964 from the Secretary-General to the Permanent Representatives of Member States (18 May 1964).

(5)　A/3817 Note Verbale from the Secretary-General to Member States dated 7 March 1958 (12 March 1958).

nations-membership-1945-present/index.html

　上で紹介したマイクロ・ステーツのうち，南太平洋の国であるキリバ
スとナウルについて知ることができる本には次のようなものがあります。
・『キリバスという国——Kiribati My Heart』助安 博之，Kentaro Ono,
　エイト社（2009）
・『ユートピアの崩壊　ナウル共和国　世界一裕福な島国が最貧国に転落
　するまで』リュック・フォイエ(著) 林昌宏(訳)（2011 年）新泉社
・国連への新規加盟の際の議論については，国連事務局法務部法典化課
　が作成している国連機関の実行録である Repertory of Practice of
　United Nations Organs（英語資料）の Article 4 関連部分が，それぞ
　れの申請の審議について記録しています。

3　国連に加盟していない国ってあるのですか？

> バチカン市国とパレスチナは，国連オブザーバーとして，国連での協議に関与しています。

「国連加盟国にはどうやったらなれるのですか？」で説明したとおり，「国」として存在するためには，他の国から国家承認を受けていることが必要となります。少なくとも1か国の国連加盟国から国家承認を受けている「国」で，国連に加盟していない主体はいくつかあります。

うち，次に述べる2つは，オブザーバー（投票権を持たない）として国連での協議に関与しています。

・バチカン市国

バチカン市国は，ラテラノ条約（1929年）にもとづき，イタリアから独立した主権国家として承認されました。ローマ市内に位置し，国土面積は約0.44平方キロメートルで，世界最小の独立国とされています。日本は，1942年にバチカン市国との間で外交関係を樹立しました。現在，国連加盟国193か国のうち日本を含む178か国から承認を得ています。

（参考　外務省HP　バチカン　基礎データ）

・パレスチナ

第一次世界大戦でオスマン帝国が崩壊した後，国際連盟の下で英国は，地中海東岸のヨルダン川より西の地域にイギリス委任統治領パレスチナを創設しました。第二次世界大戦後，関係国は国連総会

で，この地域をアラブ国家とユダヤ国家に分裂する決議を採択し，イスラエルは1948年独立を宣言しましたが，パレスチナ人及び反発したアラブ諸国とイスラエルとの間で第一次中東戦争がはじまりました。その結果，イスラエルが勝利しパレスチナの8割を占領するに至りました。その後，1994年にはオスロ合意に基づいてパレスチナ自治政府が設立され，1995年からパレスチナ自治政府（PA）が西岸及びガザで自治を開始しています。現在，国連加盟国193か国のうち137か国から承認を得ています。なお，国連総会は2012年に，パレスチナをオブザーバー組織からオブザーバー国家へと認める決議67/19を採択しています。

（参考　外務省HP　パレスチナ　基礎データ）

　ほかに，国連に加盟していない「国」には次のような主体があります。

・台湾（中華民国）

　1912年に建国された「中華民国」は，「中国（China）代表」として国連の原加盟国です。しかし，1949年10月，中華人民共和国政府（北京（ペキン）政府）が成立すると，国民政府（「台湾政府」）は中国本土に対する実効的支配を失い，北京政府は，北京政府こそが中国を代表する政府であると主張して，国民政府の代表権の剥奪を求めました。この問題は，約20年にわたり国連総会で毎年審議と投票が続けられましたが，徐々に北京政府を支持する国が増え，1971年に中華人民共和国政府を国連において中国を正当に代表する唯一の政府であるとし，蒋介石氏の代表を追放するという内容の決議が投票の結果賛成多数で採択されました（総会決議2758）。その結果，中華民国政府は，国連安全保障理事国としての代表権を失い，これに抗議する形で国連を去りました。2020年現在，国連193

か国のうち 15 か国から承認を得ています。

・コソボ共和国

　コソボは，ユーゴスラビア連邦人民共和国を構成していたセルビア人民共和国（後：セルビア社会主義共和国→セルビア共和国）の自治州（コソボ・メトヒヤ自治州）でしたが，1989 年にセルビアにより自治権が縮小されたこと等を契機に住民が反発し，1990 年にコソボ共和国の建国を宣言しました。この後，コソボ紛争が発生し，ユーゴスラビア連邦共和国（セルビア共和国）の主権下を事実上離脱し，国際連合コソボ暫定行政ミッション（UNMIK）及び北大西洋条約機構（NATO）による管理を受けたのち，2008 年 2 月，コソボ自治州議会はセルビアからの独立宣言を採択しました。現在，国連加盟 193 か国のうち日本を含む 98 か国から承認を得ています。

・クック諸島

　ニュージーランドの属領であったクック諸島は，1965 年に自治権を獲得し，2001 年には，ニュージーランドとの自由連合関係を維持しながら主権独立国家として外交を行うことをニュージーランドとの共同宣言の中で宣言しました。しかし，軍事・外交の最終的な責任はニュージーランドが負っており，住民の国籍もニュージーランドとされていることから，国家の要件を満たしていないとして国家承認していない国も多くあります。現在，国連加盟国 193 か国のうち，日本を含む 43 か国から承認を得ています。

・ニウエ

　ニウエも，クック諸島のようにニュージーランドと自由連合の関係にある国で，軍事・外交の最終的な責任をニュージーランドが負い，住民の国籍もニュージーランドです。主権国家宣言はなされて

いませんが，UNESCO，WHO などいくつかの国際機関に独立国として加盟しています。現在，国連加盟国 193 か国のうち，日本を含む 20 か国から承認を得ています。

・サハラ・アラブ民主共和国

　1884 年にスペインの植民地とされた西サハラ地域の統治の方法をめぐり現地住民がポリサリオ戦線を組織して 1973 年に独立を宣言しました。その直後より本格化した西サハラ紛争は 1991 年に停戦に至り，国際連合西サハラ住民投票ミッション（MINURSO）が展開していますが，現在に至るまで，その帰属と統治について解決されていません。サハラ・アラブ民主共和国は西サハラの約 3 割にあたる地域を実効支配しており，モロッコが約 7 割にあたる地域を実効支配しています。現在，国連加盟国 193 か国のうち 47 か国から承認を得ています。

▌もっと知る

　国連に加盟していない主体には，このほか，1991 年にグルジア（現在のジョージア）から独立宣言した南オセチア共和国（5 の国連加盟国が承認），1992 年に同じくグルジア（現在のジョージア）から独立宣言したアブハジア共和国（5 の国連加盟国が承認），1983 年にキプロスから独立宣言した北キプロス・トルコ共和国（1 の国連加盟国が承認）などがあります。

4　国連加盟国の義務とは何ですか？

> 　国連憲章第2条が，加盟国の行動についての原則を列挙しています。また，国連憲章は，安全保障理事会や国際司法裁判所との関係，経費の負担についても定めています。

　国連憲章の第1条は，国連の目的について4つの項にわたって規定しています。

「国際連合の目的は，次のとおりである。

1　国際の平和及び安全を維持すること。そのために，平和に対する脅威の防止及び除去と侵略行為その他の平和の破壊の鎮圧とのため有効な集団的措置をとること並びに平和を破壊するに至る虞のある国際的の紛争又は事態の調整または解決を平和的手段によって且つ正義及び国際法の原則に従って実現すること。

2　人民の同権及び自決の原則の尊重に基礎をおく諸国間の友好関係を発展させること並びに世界平和を強化するために他の適当な措置をとること。

3　経済的，社会的，文化的または人道的性質を有する国際問題を解決することについて，並びに人種，性，言語または宗教による差別なくすべての者のために人権及び基本的自由を尊重するように助長奨励することについて，国際協力を達成すること。

4　これらの共通の目的の達成に当たって諸国の行動を調和するための中心となること。」

　その次の第2条で，国連の機構と加盟国の義務について，「第1条に掲げる目的を達成するに当っては，<u>次の原則に従って行動しな</u>

写真16　国連旗

ければならない。」として，次のように列挙しています。

1　この機構は，そのすべての加盟国の主権平等の原則に基礎をおいている。

2　すべての加盟国は，加盟国の地位から生ずる権利及び利益を加盟国のすべてに保障するために，この憲章に従って負っている義務を誠実に履行しなければならない。

3　すべての加盟国は，その国際紛争を平和的手段によって国際の平和及び安全並びに正義を危うくしないように解決しなければならない。

4　すべての加盟国は，その国際関係において，武力による威嚇又は武力の行使を，いかなる国の領土保全又は政治的独立に対するものも，また，国際連合の目的と両立しない他のいかなる方法によるものも慎まなければならない。

5　すべての加盟国は，国際連合がこの憲章に従ってとるいかなる行動についても国際連合にあらゆる援助を与え，且つ，国際連合の防止行動又は強制行動の対象となっているいかなる国に対しても援助の供与を慎まなければならない。

6　この機構は，国際連合加盟国ではない国が，国際の平和及び安全の維持に必要な限り，これらの原則に従って行動することを確保しなければならない。

7　この憲章のいかなる規定も，本質上いずれかの国の国内管轄権内にある事項に干渉する権限を国際連合に与えるものではな

く，また，その事項をこの憲章に基く解決に付託することを加盟国に要求するものでもない。但し，この原則は，第7章に基く強制措置の適用を妨げるものではない。

また，国連加盟国は，国際連合の迅速且つ有効な行動を確保するために，国際の平和及び安全の維持に関する主要な責任を安全保障理事会に負わせるものとし，且つ，安全保障理事会がこの責任に基く義務を果すに当って加盟国に代って行動することに同意することが求められています（国連憲章第24条）。

さらに，それぞれの国連加盟国は，自国が当事者であるいかなる事件においても，国際司法裁判所の裁判に従うことを約束しなければなりません（国連憲章第94条）。

国連加盟国には，国連の経費を，総会が決定するところに従って負担する義務があります。この義務を果たせない場合には，国連総会において**投票権を停止**されることがあります（国連憲章第17条及び第19条）。

国連加盟国と，国連の事務局との関係においては，事務総長及び職員の責任のもっぱら国際的な性質を尊重すること並びにこれらの者が責任を果すに当ってこれらの者を左右しようとしてはなりません（国連憲章第100条）。

なお，国連憲章第103条は，国際連合加盟国のこの憲章に基く義務と他のいずれかの国際協定に基く義務とが抵触するときは，この**憲章に基く義務が優先**すると規定しています。

5　国連憲章の改正は不可能なのですか？

これまでに，意思決定に要する加盟国数に関する４つの条項
が改正されています。

コフィ・アナン事務総長（当時）は，1999年の国連総会への年次
報告で，国連憲章について，「あらゆる場所に住む人民の，平和に，
尊厳をもって成長に向かって生きるという希望を今も引き続き高く
掲げる生きた文書」であると描写しました。国連憲章は，決して手
を加えることができない文書ではありません。国連憲章は，その規
定の中で改正についての条項を備えており，実際にこれまでに憲章
の４の条項が改正されました。改正された条項はそれぞれ，意思決
定に要する加盟国の数に関するものです。事務総長の権限や強制措
置の範囲など，具体的にイメージしやすい条項に比べると，手続的
な部分の改正というのは，いまひとつわかりにくいかもしれません。
しかし，加盟国の政府間協議体における意思決定手続きに関する改
正は，加盟国の考えをいかに反映するかに関わるものですから，実
はその後の国連で行う交渉の全般にわたり大きな影響があるのです。

国連憲章は，その改正について２とおりの方法を規定しています。

１つは，個別の条項に関する改訂の方法です。
国連憲章第108条は，国連憲章の改訂について，
⑴　総会の構成国の３分の２の多数で採択され，かつ，
⑵　安全保障理事会のすべての常任理事国を含む国際連合加盟国
　　の３分の２によって各自の憲法上の手続に従って批准された時
　　に，すべての国際連合加盟国に対して効力を生ずる，と規定し

42

ています。

　もう1つは，国連憲章の全体に関する見直しによる改訂の方法です。

　国連憲章第109条は，次のように規定しています。

1　この憲章を再審議するための国際連合加盟国の全体会議は，総会の構成国の3分の2の多数及び安全保障理事会の9理事会の投票によって決定される日及び場所で開催することができる。各国際連合加盟国は，この会議において1個の投票権を有する。

2　全体会議の3分の2の多数によって勧告されるこの憲章の変更は，安全保障理事会のすべての常任理事国を含む国際連合加盟国の3分の2によって各自の憲法上の手続に従って批准された時に効力を生ずる。

3　この憲章の効力発生後の総会の第10回年次会期までに全体会議が開催されなかった場合には，これを招集する提案を総会の第10回年次会期の議事日程に加えなければならず，全体会議は，総会の構成国の過半数及び安全保障理事会の7理事国の投票によって決定されたときに開催しなければならない。

　国連憲章の改正について規定した2つの条文のうち，第109条が規定する国連憲章の全体に関する見直しによる改訂という方法は，いくつかの段階を経て，現在は，憲章特別委員会という委員会で追求されています。国連憲章第109条第3項の規定にもとづいて，第10回の会期の前に，加盟国は全体会議の準備のための文書を整理し加盟国に提示するよう事務総長に求めましたが（総会決議796），意見の隔たりが大きいことから，1955年，国連総会は，本件についての審議を延期し，憲章見直しのための会議準備委員会を設置す

ることを決議しました（総会決議992）。

　これまで改正された4つの条項は，いずれも第108条が規定する個別の条項に関する改訂という方法によって，総会の審議にかけられました。

　最初に国連憲章の改正に関する決議（国連総会決議1991（XVIII））が採択されたのは，1963年のことです。1950年代以降急増したアフリカ及びアジア諸国の新加盟国による要請を背景に，国連の主要な意思決定機関である安全保障理事会と経済社会理事会に関する条項の改正案は，1956年から審議されてきましたが（A/3138, A/3139），交渉は難航し，1963年にこれらの条項の改正に関する決議採択に至るまで7年を要しました。

・国連憲章第23条（安全保障理事会の構成に関する条項），第27条（安全保障理事会の表決に関する条項）

　国連総会は，1963年12月17日，国連憲章第23条及び第27条の改正に関する決議1991（XVIII）の前半を採択し，安全保障理事会の非常任理事国の数を6から10に増やして理事国の総数を11から15にし，採決に必要な票数を7から9にしました。また，地域ごとの非常任理事国の議席割り当てを，アフリカ及びアジア諸国に5（実際にはアフリカに3，アジアに2），東欧諸国に1，ラテンアメリカ諸国に2，西欧その他諸国に2としました。この決議は，賛成97票，反対11票，棄権4票で採択されました。（反対票を投じたのは，キューバ，チェコスロバキア，フランス，ハンガー，モンゴル，ポーランド，ルーマニア，ウクライナ，ソビエト連邦，ブルガリア，ベラルーシ，棄権したのはポルトガル，南アフリカ，イギリス，アメリカです。）

・国連憲章第 61 条（経済社会理事会の構成に関する条項）

　国連総会は，同じ決議の後半部分で，国連憲章第 61 条の改正を採択し，経済社会理事会の理事国数を 18 から 27 に増やしました。理事国数を増やした地域グループは，アフリカ及びアジア（7），ラテンアメリカ（1），西欧その他（1）でした。

　この決議は，賛成 97 票，反対 11 票，棄権 5 票で採択されました。（反対票を投じたのは，キューバ，チェコスロバキア，フランス，ハンガー，モンゴル，ポーランド，ルーマニア，ウクライナ，ソビエト連邦，ブルガリア，ベラルーシ，棄権したのは，ポルトガル，南アフリカ，イギリス，アメリカ，中国でした。）

　採択された決議で決定した条項の改正が実際に効力を有するには，上に紹介した国連憲章第 108 条が規定するように，全加盟国の 3 分の 2 国が，それぞれの憲法上の手続きに従って，国連憲章という多国間条約の改正を批准する必要があります。日本は，この改正について 1965 年 6 月 4 日に批准しています。決議の採択から 1 年半以上かけて，1965 年 8 月 31 日に，国連憲章第 23 条，第 27 条および第 61 条の改正は発効しました。

・国連憲章第 61 条（経済社会理事会の構成に関する条項）

　それから 8 年後の 1971 年，国連憲章第 61 条は，再度改正されました。1971 年 12 月 20 日の総会決議 2847（XXVI）は，経済社会理事会の理事国数を 54 に増やすことを決定し，その配分として，アフリカ諸国に 14，アジア諸国に 11，ラテンアメリカ諸国に 10，西欧その他諸国に 13，東欧社会主義諸国に 6 とすることとしました。この改正は，1973 年 9 月 24 日に発効しました。

・国連憲章第109条（国連憲章の再検討）

　国連憲章第109条は，国連憲章を再検討するための国連加盟国の全体会議について規定しています。改正前の第1項は，全体会議の開催の要件を，「総会の構成国の3分の2の多数及び安全保障理事会の7理事国の投票によって決定される日及び場所で開催することができる。各国際連合加盟国は，この会議において1個の投票権を有する。」と定めていました。1965年に国連憲章第23条及び第27条の改正が発効したことをふまえて，国連総会は，同年12月20日に決議2101（XX）を採択し，第1項の安全保障理事会で必要な賛成理事国の数を7から9に改正することを決定しました。この改正は，1968年6月12日に発効しました。

　これまで，憲章改正の対象とすべきであるとの議論があった事項の中には，安全保障理事会常任理事国の拒否権の制限，安全保障理事会常任理事国の拡大，憲章第53条の「敵国であった国」という言及の削除などがあります。信託統治理事会（第13章）は，1994年11月ともって活動を休止していますが，憲章の規定としては残ったままになっています。

> コラム
>
> 　一般的な条約で前提とされる国際法の基本原理では，「合意は守られなければならない」というものと，「合意は当事者を拘束するが第三者を害しも益しもしない」というものがあります。1つめの原理に基づいて発効した条約は当事国を法的に拘束します。2つめの原理では，多国間条約において，その条約の改正手続きに従ってなされた改正に合意しない国は原則として改正後の条約に拘束されないとされています（条約法に関するウィーン条約第40条第4項）。国連憲章は，国連憲章の規定に

従い改正された条項は改正に合意しない国も拘束すると定めている点で，少し特殊ですが，各国はこの規定も含めて国連憲章を批准しています。

国連って，事務総長のこと？

◆ 国連にかかわる「ひと」について ◆

1 国連本部には，どんな人達がいるのですか？

> 国連の活動を決めているのは誰ですか？
> 国連の活動を実施しているのは誰ですか？

国連憲章は，国連という集まりのメンバーシップ（構成員）を，加盟国であると規定しています。【ここを参照 ☞ 2 国連のメンバーシップってどういうことですか？】

また，国連憲章は，国連の主要機関について次のように規定しています。

「第7条　機関

　1　国際連合の主要機関として，総会，安全保障理事会，経済社会理事会，信託統治理事会，国際司法裁判所及び事務局を設ける。

　2　必要と認められる補助機関は，この憲章に従って設けることができる。」

ここで列挙されている機関のうち総会，安全保障理事会，経済社会理事会，信託統治理事会（最後の信託統治領であるパラオに関する

信託統治協定の終了を決定した 1994 年以降は活動を行っていない[1]）の
4 つは，国連の運営にかかわる**意思決定機関**です。ただし，「総会」
「安全保障理事会」という独立・自律的な人格が存在するわけでは
ありません。これらの機関は，加盟国の代表で構成されています。
議長・副議長や書記も加盟国の代表が務めています。また，実質的
な審議だけでなく，議題の設定と運営（何を審議するかしないか，ど
の委員会で審議するか），審議の管理（何をどのような順で審議するか，
どのような形で会合を設定するか）を含めて，加盟国の代表が決定を
します。つまり，これら 4 つの機関は，「加盟国（Member States）」
を異なる意思決定の枠組みに応じて呼び変えたものです。国連本部
には，加盟国を代表して協議や交渉を行うために，加盟国の本国か
ら派遣された代表がいます。国連が，どのような活動を，どのよう
な規模で，どうやって行うかを決めているのは，加盟国とその代表
です。

図 1　国連の主要機関

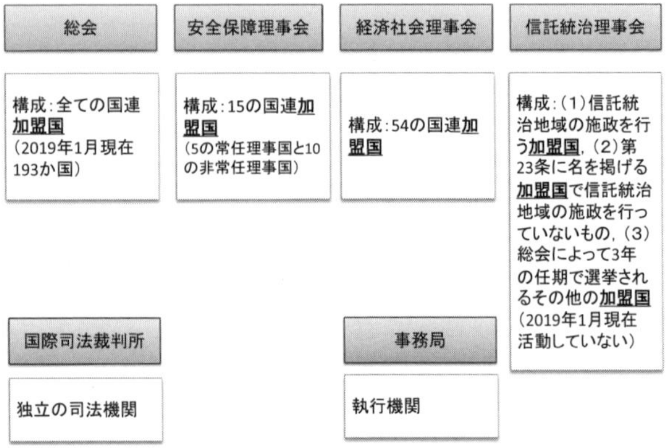

総会	安全保障理事会	経済社会理事会	信託統治理事会
構成：全ての国連**加盟国**（2019年1月現在193か国）	構成：15の国連**加盟国**（5の常任理事国と10の非常任理事国）	構成：54の国連**加盟国**	構成：(1)信託統治任地域の施政を行う**加盟国**，(2)第23条に名を掲げる**加盟国**で信託統治地域の施政を行っていないもの，(3)総会によって3年の任期で選挙されるその他の**加盟国**（2019年1月現在活動していない）

国際司法裁判所	事務局
独立の司法機関	執行機関

（初出：『国連総会の葛藤と創造』信山社，2019 年）

---

[1]　安全保障理事会決議 956（1994）。

　国連憲章は，加盟国の決定に必要な準備をしたり，決定により指示された事項を実施したりする主体について，次のように規定しています。

「第 15 章　事務局（Secretariat）
　第 97 条　事務局は，１人の事務総長及びこの機構が必要とする職員からなる。事務総長は，安全保障理事会の勧告に基いて総会が任命する。事務総長は，この機構の行政職員の長である。
　第 98 条　事務総長は，総会，安全保障理事会，経済社会理事会及び信託統治理事会のすべての会議において事務総長の資格で行動し，且つ，これらの機関から委託される他の任務を遂行する。事務総長は，この機構の事業について総会に年次報告を行う。」
（下線は筆者による加筆）

　事務総長（Secretary-General）は，加盟国の決定を受けて活動を運営する事務局の長です。これに加えて，事務総長は，自らが必要と考える事項を加盟国に提案することが認められています（第 99 条「事務総長は，国際の平和及び安全の維持を脅威すると認める事項について，安全保障理事会の注意を促すことができる。」）。

　事務総長を含む事務局職員は，いずれも試験や選考等によって選出された各国出身の個人ですが，その任務の遂行にあたっては，国連からの指示にのみ従うことが求められており，出身国の政府や他の当局から指示を受けてはいけないとされています（国連憲章第100 条）。

　国連憲章が基本的な意思決定の主体として規定するのは，**加盟国**です。そして，加盟国の決定を実施するのが**事務局**です。加盟国と

写真17　総会第5委員会の協議結果を報告する第5委員会報告者（シンガポール代表部リー参事官）
General Assembly Adopts Recommendations of Fifth Committee, UN Photo by Rick Bajornas, 06 April 2017

事務局は，対峙する関係でも，上下の関係でもありません。国連を織物の作品に例えるとしたら，基本となる図柄や色などを決めているのは加盟国ですが，そのために必要な採寸や糸の調達を支援したりするのは事務局・事務総長です。国連の活動とは，193か国の加盟国と事務局の作業が細かく交差しながら作り上げられている，壮大な織物のようなものだといえます。

　この本では，できるだけ「（国連）加盟国」，「（国連）事務局」と書き分けていきます。

　国連の本部には，ほかにも，オブザーバーの代表，他の国際機関・地域機関の代表，報道関係者，各分野の団体や非政府組織の代表などが出入りし，情報提供や情報収集，働きかけなどを行っています。彼らは，国連という政府間協議体において，意思決定の主体ではありません。しかし時には，彼らの活動が加盟国の決定に大きな影響を及ぼすこともあります。

2　加盟国の代表というのはどのような人達ですか？

> 「常駐代表」と「国連大使」というのは，同じこと？
> 代表部の部員は，公務員なの？

　国連で「加盟国」を代表するのは，基本的にはその国の国家元首あるいは政府の長です。各国は，国家元首あるいは政府の長から権限を与えられた代表団を，一年を通して行われる交渉に参加させるために，国連本部の所在地に常駐させています。代表団の長は「常駐代表（Permanent Representative）」と呼ばれます。常駐代表は，大使のランクであることがほとんどです。報道などでは，わかりやすく「国連大使」と呼ばれることもあります。また，常駐代表の事務所は，常駐代表部（Permanent Mission）と呼ばれています。日本がニューヨークにおいている国連への常駐代表部は，「国際連合日本政府代表部（Permanent Mission of Japan to the United Nations）」という名称です（短く「国連代表部」と呼ばれることもあります）。

　国と国との関係では，国交が樹立されると，外交使節として大使や公使を相互に派遣し大使館を設置します。このとき，大使を派遣する国は，信任状という外交文書を発給し，大使はその信任状を派遣先（接受国）の元首に捧呈します。国連への常駐代表を派遣する場合には，信任状は国連事務総長にあてられます。

　常駐代表部では，常駐代表（大使）の下に，次席常駐代表，公使，参事官，書記官，理事官などの代表部員が配置されています。日本では，外交政策や国際連合その他の国際機関等に関する事務は，外

務省の所管となっており[2]，代表部は外務省の組織の一部です。代表部の部員の多くは外務省の職員（国家公務員）ですが，交渉分野によって，関連省庁などから必要な専門家が配置されています。

　このような代表部員は，国連の「加盟国（Member States）」の代表として，様々な議題のもとで，他の国と交渉を行って国連の活動の在り方について審議し，決定を行っています。2019 年 10 月現在，国連加盟国の数は 193 か国で，彼らが国連における意思決定主体です。

　他の主要な国際機関の所在地においても，代表部が置かれています。例えば，国連のジュネーブ事務所やウィーン事務所で交渉を行うために「在ジュネーブ国際機関日本政府代表部」「在ウィーン国際機関日本政府代表部」が置かれています。ジュネーブにもウィーンにも，国連以外の国際機関が複数おかれています。ジュネーブには，国際労働機関（ILO），世界保健機関（WHO），世界知的所有権機関（WIPO），国際電気通信連合（ITU），世界気象機関（WMO），世界貿易機関（WTO），赤十字国際委員会（ICRC）などが，ウィーンには，国際原子力機関（IAEA），包括的核実験禁止条約機関（CTBTO）準備委員会，国連工業開発機関（UNIDO）などが置かれており，代表部は，加盟国となっているこれらの国際機関に関する交渉に参加する役割も担っています。ジュネーブには，ジュネーブ軍縮会議について軍縮会議日本政府代表部も置かれています。

　政府代表部にはこの他に，パリに置かれている「国際連合教育科学文化機関（UNESCO）日本政府代表部」，同じくパリに置かれている「経済協力開発機構（OECD）日本政府代表部」，インドネシア

---

(2)　外務省設置法第 4 条第 1 項第 1 号。

のジャカルタに置かれている「東南アジア諸国連合（ASEAN）日本政府代表部」，カナダのモントリオールに置かれている「国際民間航空機関（ICAO）日本政府代表部」などがあります。

　ベルギーのブリュッセルに置かれている「北大西洋条約機構（NATO）日本政府代表部」及び「欧州連合（EU）日本政府代表部」，エチオピアのアディスアベバに置かれている「アフリカ連合（AU）日本政府代表部」は，いずれも加盟国としての使節ではありませんが，日本政府の窓口として置かれているものです。

▌ さらに知るには

外務省の HP では，日本政府の代表部について紹介しています。
国際連合日本政府代表部
http://www.un.emb-japan.go.jp/jp/
在ジュネーブ国際機関日本政府代表部
http://www.geneve-mission.emb-japan.go.jp
在ウィーン国際機関日本政府代表部
http://www.vie-mission.emb-japan.go.jp/index_ja.htm
国際連合教育科学文化機関（UNESCO）日本政府代表部
http://www.unesco.emb-japan.go.jp/htm/jp/indexjp.htm
経済協力開発機構（OECD）日本政府代表部
http://www.oecd.emb-japan.go.jp/
東南アジア諸国連合日本政府代表部
http://www.asean.emb-japan.go.jp/index_j.html

3　国連職員とはどのような人達のことですか？

　国連の敷地内で働くすべての人が国連職員というわけではありません。

　国連職員（UN Staff）というときに指しているのは，国連事務局に所属して働く職員のことです。政治や経済の分野だけでなく，国連事務局の運営に不可欠なマネジメント・管理（財務や人事なども含む）や，情報通信，保安，言語（文書の翻訳や通訳）などに関わる職員もたくさんいます。このような中には，業務契約等によって一時的に国連の施設で業務を行っているコンサルタントや業者（例えば飲食施設や売店のスタッフ）などもいますが，彼らは国連職員ではありません。国連総会が策定・採択した国連職員規則（UN Staff Regulations and Rules）の適用を受ける職員のことを，**国連職員**と言っています。【ここを参照☞Ⅲ8　日本出身の国連職員，基金・計画の職員】

　国連職員のポストは，全ての加盟国の国民に開かれています。日本の会社や公務員組織のように，年度ごとにまとめて採用を行う制度はなく，空席が生じたときにそのポストに最も相応しい能力を有する人材を，全世界から選抜します。ですから，英語などの外国語ができるだけでなく，専門の知識と経験を有することが必要で，新卒ではなくある程度経験を積んだ人材が必要とされます。専門職員になるための競争試験が実施されていますが，この試験を通過しても，自動的にポストが保証されるわけではありません。

　国連憲章第100条は，国連職員がその出身国から指示を求めては

ならず，国連に対してのみ責任を負うと規定しています。

1　事務総長及び職員は，その任務の遂行に当って，いかなる政府からも又はこの機構外のいかなる他の当局からも指示を求め，又は受けてはならない。事務総長及び職員は，この機構に対してのみ責任を負う国際的職員としての地位を損ずる虞のあるいかなる行動も慎まなければならない。

2　各国際連合加盟国は，事務総長及び職員の責任のもっぱら国際的な性質を尊重すること並びにこれらの者が責任を果すに当ってこれらの者を左右しようとしないことを約束する。

　国連職員は，総会が設ける規則に従って事務総長が任命しますが，その採用にあたっては，最高水準の能率，能力及び誠実を確保しなければならず，また職員をなるべく広い**地理的基礎**に基いて採用することの重要性については，妥当な考慮を払わなければなりません（国連憲章第 101 条 1 及び 3）。

　さらに，国連予算の分担率や人口などにもとづいて，各加盟国の「**望ましい職員数**」が示されています。日本に関しての「**望ましい職員数**」は，2019 年については 233 名とされていますが，実際にはこれを大きく下回っています。

　国連職員は，幹部職員（D スタッフ），専門職員（P スタッフ），一般職員（G スタッフ）に大きくわけられます。「望ましい職員数」は，基本的には G スタッフには適用されません。PKO や現地事務所（「フィールド」といわれています）に配置されている職員にも，「国連職員」がいます。「国連職員」のポストは任期付きであることがほとんどであり，彼らは本部事務所とフィールドを行き来して，キャリアを構築しています。

　国連事務局以外の国際機関で働く職員は，一般的に「国際公務員（International Civil Servants）」と呼ばれています。

▌▌さらに知るには

　国連事務局で仕事を得るための方法は，職種や形態ごとに様々で，また常に変化しています。情報の収集方法や採用形態などについて知るためには，外務省国際機関人事センターの HP，東京にある国連広報センターの HP が役立ちます。

外務省国際機関人事センター HP：https://www.mofa-irc.go.jp/

国連広報センター HP（「国連で働く」：

https://www.unic.or.jp/working_at_un/

・『国際公務員になるには』横山和子（2009 年）ペリカン社

4　国連事務総長は大統領のようなものですか？

> 国連事務総長は，執行機関の代表者。
> 加盟国に対して提案を行う者でもあります

　国連は，加盟国を超越した強力な存在が加盟国に指示をするような組織ではありません。国連の主要機関は，加盟国で構成され加盟国間の協議にもとづき意思決定を行う4つの協議体と，事務局，及び国際司法裁判所です。事務局は4つの協議体，すなわち総会，安全保障理事会，経済社会委員会，及び信託統治理事会（1994年に活動停止）が決定した事項に基づいて活動を執行するという関係にあります。ですから，国連における意思決定も活動の執行も，あくまで加盟国間の協議にもとづいておこなわれます。国連事務総長は，この事務局の長です。【☛もっと知る　歴代の国連事務総長】

　国連における加盟国の意思決定において，事務総長は2つの主要な役割を担う存在であるといえます。

　ひとつは，加盟国間の協議を事務的・実質的に支え，指示された事項を実施する，**執行機関の代表者**としての存在です。
　国連憲章は，以下のように規定しています。

第97条
事務局は，1人の事務総長及びこの機構が必要とする職員からなる。事務総長は，安全保障理事会の勧告にもとづき総会が任命する。事務総長は，この機構の行政職員の長である。
第98条

事務総長は，総会，安全保障理事会，経済社会理事会及び信託統治理事会のすべての会議において事務総長の資格で行動し，且つ，これらの機関から委託される他の任務を遂行する。事務総長は，この機構の事業について総会に年次報告を行う。

　第97条で用いられている「chief administrative officer」は，一般的には「行政職員の長」と訳されていますが，実際には大文字の「Chief Administrative Officer」，つまりCAO（最高総務責任者）に近いものを指しているといえるでしょう。法人（Corporation）において，CAOは，会社の経理や総務などの管理部門全体を取りまとめ，各総会や取締役会の手続きを議事録に記録，保管が義務付けられている文書・書類の維持管理など，幅広い業務を行っており，これらは憲章第98条が規定する事務総長の役割に近いものです。

　執行機関の代表者としての存在であることにより伴う権限と責任に，予算案の提出があります。国連財政規則は，事務総長の予算案提出権限を以下のとおり規定しています。

A.　計画予算

権限と責任

規則2.1 各予算の計画予算案は，事務総長が準備する。

　これを受けて総会は，「この機構の予算を審議し，承認する。」のです（憲章第17条1）。

　もうひとつは，加盟国に対して**提案を行う者**としての存在です。

　事務総長は，安全保障理事会に発案を行うことができます。国連憲章は，事務総長について次の規定をおいています。

第99条
事務総長は，国際の平和及び安全の維持を脅威とすると認める事項
について，安全保障理事会の注意を促すことができる。

　この「注意を促す」という行為は具体的には，安保理議長への書
簡であったり，安保理での発言であったり，その他何らかの書面で
あったりしますが，加盟国から構成される意思決定機関への提案全
般を意味します。意思決定機関の決定の結果，事務総長に具体的な
任務が指示されれば，事務総長はそれに従って，必要であれば特別
代表をたててその任務を行います。また，事務総長は安全保障理事
会の注意を促す過程で，自らのイニシアティブにもとづき調停や仲
介を行うこともあります。

　ひとつめにあげた事務総長の役割のうちの，予算案の提出という
権限と責任は，とても広い提案権限でもあります。国連事務局とい
う執行機関をより効果的なものにしたり，より専門的な人員をあつ
めたりするには，組織の構成や職員の採用基準を変更する必要があ
りますが，そのような提案は，計画案や予算案の提出という形で行
われます。ですから，事務総長は，国際の平和及び安全の維持を脅
威とすると認める事項に限らず，事務局が実施しているあらゆる活
動，及び実施することが適切と考える活動について，その改善策な
ども含めて全般的に，加盟国からなる意思決定機関への発案・提案
を行うことができるのです。例えば，アナン事務総長（1997年～
2006年）は，事務総長に就任してすぐ，人道問題を担当する緊急調
整官（Emergency Relief Coordinator）事務所の設置や，人権高等弁
務官事務所の設置などを，事務局改革の一環として提案しました。
バン事務総長（2007年～2016年）は，気候変動や環境対策を加盟国
に推進したり，国連の活動に取り入れたりするための様々な提言を

行いました。

　とはいえ，事務総長は，加盟国との関係では基本的に発案者，提案者であり，事務総長案を実施に移すためには，加盟国で構成される意思決定機関の承認が必要です。各加盟国も，それぞれ自身の提案や立場があります。そのように多様な提案や立場の間の乖離を少しずつ小さくしていき，可能な限り広い合意を得られるようなかたちに修正していくことが，意思決定機関における交渉です。交渉は，基本的に加盟国の間で行われますが，国連事務局は，加盟国の要請に応じて，実質的な側面に関連する事項についての技術的なインプットを行います。そのような加盟国と事務総長との対話をとおして組み立てられた合意を記すものが，**決議**（Resolution）です。**決議**は，事務総長の提案に修正を加えるものであったり，却下するものであったり，全く異なる措置を決定するものであったり，あるいは何らの決定も行わないことを決定するものであったりもします。ですから，「事務総長報告書」という名称の文書は，国連の政府間協議体における意思決定のごく初期段階の提案書であって，国連加盟国の最終的な意思決定の内容を示すものではありません。

　以上のことからわかるように，事務総長は，大統領のように強力な権限を備えた存在ではなく，加盟国に提案を行い，加盟国によって指示された事項を執行する機関の代表者であって，常に加盟国との調整の中でその役割を果たす存在です。そのためには，予算や人員，機構を管理する行政能力，政府間協議体と事務局との間の関係や他の国際機関との連携を保つ調整力，193か国の加盟国との適切な関係を維持する外交力など様々な能力が必要とされます。これが，事務総長という職務が「世界で最も不可能な仕事」といわれる所以です。

▍もっと知る

歴代の国連事務総長

第1代事務総長：トリグブ・リー（Trygve Halvdan Lie）
1946年2月1日〜1952年11月10日
出身国：ノルウェー

第2代事務総長：ダグ・ハマーショルド（Dag Hjalmar Agne Carl Hammarskjöld）
1953年4月10日〜1961年9月18日（在任中に北ローデシア（現在のザンビア）で事故死）
出身国：スウェーデン

第3代事務総長：ウ・タント（U Thant）
1961年11月30日〜1962年1月1日（在任中に事故死したハマーショルド事務総長の代理を務めた期間）
1962年1月1日〜1971年12月31日
出身国：ビルマ（ミャンマー）

第4代事務総長：クルト・ヴァルトハイム（Kurt Josef Waldheim）
1972年1月1日〜1981年12月31日
出身国：オーストリア

第5代事務総長：ハビエル・ペレス=デ=クエヤル（Javier Pérez de Cuéllar y de la Guerra）
1982年1月1日〜1991年12月31日
出身国：ペルー

第6代事務総長：ブトロス・ブトロス=ガーリ（Boutros Boutros-Ghali）
1992年1月1日〜1996年12月31日
出身国：エジプト

第7代事務総長：コフィ・アナン（Kofi Atta Annan）

1997 年 1 月 1 日〜2006 年 12 月 31 日
出身国：ガーナ

第 8 代事務総長：パン・ギムン（潘基文，Ban Ki-moon）
2007 年 1 月 1 日〜2016 年 12 月 31 日
出身国：韓国

第 9 代事務総長：アントニオ・グテレス（António Guterres）
2017 年 1 月 1 日〜現在
出身国：ポルトガル

さらに知るには

・『介入のとき──コフィ・アナン回顧録』（上）／（下）コフィ・アナン
　（著），ネイダー・ムザヴィザドゥ（著），白戸 純（翻訳）（2016 年）岩
　波書店
・『国連事務総長──世界で最も不可能な仕事』田 仁揆（著）（2019 年）
　中央公論新書

5　事務総長はどうやって選ばれるのですか？

　国連憲章が，事務総長の選出についておいている規定は，第97条の，「事務総長は，安全保障理事会の勧告に基いて総会が任命する」と述べているもののみです。これ以上の手続きについては，当初の事務総長の給与と任期を規定した1946年の総会決議11（I）が，国連準備委員会（Preparatory Committee）の報告書該当部分を確認しています。すなわち，事務総長の選出は，安全保障理事会の常任理事国の同意投票を含む7の理事国の賛成投票が要される（拒否権発動の対象である）事項であり，また総会においては加重多数決が要求されない限り，単純多数決が要される事項であること，また，安全保障理事会は，一人の候補者のみを総会に推薦し，総会での審議は行わないことが望ましく，安全保障理事会及び総会のいずれにおいても，投票は秘密投票で行われることです。

　これまで総会は，この準備委員会の報告書及び総会決議11（I）に従い，安全保障理事会が推薦した候補者を受け入れることが通例でした。つまり，事務総長を任命する権限は総会に与えられていても，選出する実質的な権限は，安全保障理事会に限られていたのでした。

写真18　国連総会での安全保障理事国の選出の様子
Assembly Elects Five New Non-Permanent Members of Security Council, UN Photo by Evan Schneider,18 October 2012

拒否権については，例えば，第4代事務総長のワルトハイム氏が3期目の任期を目指していましたが，中国が拒否権を発動したため2期で退任し，第6代事務総長のガリ氏は，その2期目の任期についてアメリカが拒否権を発動したため再選されませんでした。このように，事務総長の選出は，安全保障理事会の常任理事国の思惑に左右されるプロセスでした。

　安全保障理事会では，複数の候補者がいる場合には，仮投票（Straw poll）を行い，候補者を絞っていくことが1981年以降行われています。仮投票では，それぞれの候補者について，「奨励する」，「奨励しない」，「意見表明なし」の三通りの票が秘密投票で投じられます。「奨励しない」票が多く投じられた候補者は，本投票での当選可能性が低いと判断すれば立候補を取り下げたりします。初期の段階では，この投票は，常任理事国，非常任理事国を区別することなく行われますが，終盤に入ると，投票は常任理事国と非常任理事国の投票用紙を色で区別して行われます。

　このような閉ざされたプロセスに，透明性を向上させ，より多くの加盟国の意見を反映できるようにすることを目指して，1997年以降，総会では事務総長の選出プロセスをより議論が行われてきました。事務総長選出の詳細規定が総会決議で規定されているということは，総会が決議すれば，国連憲章に違わない限りで選出手続を変更することが可能であり，この点は，総会決議11（I）でも確認されています。　第69回総会の会期末に採択された総会決議69/321（2015年）は，事務総長の選出に関して総会の関与を深めることを目指し，総会議長と安全保障理事会議長が，加盟国宛ての共同書簡によって事務総長の候補者を募り，提出された候補者の略歴等の関連文書を加盟国に回章するよう求めました（第35・36段落）。同じ

決議では，事務総長職の地理的な配分や女性候補の推奨についても触れられていますが，基本的には，候補者の資質が最重要の考慮要素となります。また，これを受けて 2016 年に展開された事務総長の選出プロセスにおいては，候補者の公聴会やタウンホール会合などが総会その他の会場で実施され，市民社会へより広く関与しようとする動きがみられました。

　2016 年の事務総長の選出プロセス【☛ もっと知る　2016 年事務総長選挙立候補者】では，6 回の仮投票が行われ，12 名の候補者に対する 5 回目の投票に至るまでに，3 候補者が辞退しました。また，終盤で立候補した 1 名を加えた 10 名のうち，最終的に 13 票の「奨励する」票と，2 票の「意見表明なし」票を得，「奨励しない」票がゼロ票であったグテレス氏が，最終的に安全保障理事会で選出されることになりました。

　現在のグテレス事務総長の任期は，2021 年末までの 5 年間です。事務総長職を 2 期 10 年務めるというのは，決して慣行として確立されているわけではありません。グテレス事務総長の 2 期目続投が常任理事国の支持を得られない場合，任期最終年の 2021 年に次期事務総長の選出が行われることになります。

▌ もっと知る

2016 年事務総長選挙立候補者
　2016 年の事務総長職への立候補者の顔ぶれは次のような方々です。各国の首相や外務大臣，国際機関の経験者が並びました。
・António Guterres（アントニオ・グテレス氏）：ポルトガル出身，元ポルトガル首相，国連難民高等弁務官経験者
・Irina Bokova（イリナ・ボコヴァ氏）：ブルガリア出身，ユネスコ事務局長経験者

- Danilo Türk（ダニロ・トゥルク氏）：スロベニア出身，元スロベニア大統領，国連事務次長補（政務担当）経験者
- Helen Clark（ヘレン・クラーク氏）：ニュージーランド出身，元ニュージーランド首相，現国連開発計画（UNDP）事務局長経験者
- Susana Malcorra（スサナ・マルコラ氏）：アルゼンチン出身，元アルゼンチン外相，元国連事務次長経験者
- Miroslav Lajčák（ミロスラフ・ライチャーク氏）：スロバキア出身，外交官，第 72 会期総会議長
- Vuk Jeremić（ヴク・イェレミッチ氏）：セルビア出身，元外相，第 67 会期国連総会議長
- Kristalina Georgieva（クリスタリナ・ゲオルギエヴァ氏）：ブルガリア出身，元世界銀行副総裁兼官房長・CEO，元欧州委員会委員，国際通貨基金（IMF）事務理事
- Srgjan Kerim（スルジャン・ケリム氏）：マケドニア出身，外交官，第 62 会期国連総会議長
- Natalia Gherman（ナタリア・ゲルマン氏）：モルドバ出身，元モルドバ外相・副首相
- Christiana Figueres（クリスティアナ・フィゲレス氏）：コスタリカ出身，元気候変動枠組条約事務局長
- Igor Lukšić（イゴル・ルクシッチ氏）：モンテネグロ出身，元モンテネグロ首相
- Vesna Pusić（ヴェスナ・プシッチ氏）：クロアチア出身，元クロアチア第一副首相

さらに知るには

- 『国連事務総長：選出の歴史と役割の変遷』植木安弘　「国連：戦後 70 年の歩み，課題，展望」日本国際連合学会 編　国際書院　2016 年に所収。

6　特別報告者というのはどんな人？

特別報告者は，国連を代表しているの？

　「国連特別報告者」や「国連の独立専門家」「国連の専門家パネル」といった立場は，基本的に，事務総長ではない第3の立場から，政府間協議体に対して提言を行うことが求められています。彼らは，国連事務局も，国連加盟国も代表しているわけではありません。強いて言えば，彼らが代表しているのは，彼ら自身であり，第3の立場こそが彼らの存在意義なのだといえます。

　ただし，彼らの提言をどう扱うかは政府間協議体次第ですから，政府間協議体が何のアクションもとっていない時点では，「特別報告者」や「独立専門家」の発言や報告は，提言にすぎません。「国連」とついているからといって，その発信内容がすべて国連事務局や国連加盟国を代表しているわけではないということには注意が必要です。

　なお，「特別報告者」に似た名称に「**事務総長特別代表**」というものがあります。これは，文字通り，国連事務総長の代表として指名される立場で，例えばPKO（平和維持活動）の長には，「**事務総長特別代表**」が任命されますし，他にも個別の案件について専門家が「**事務総長特別代表**」として任命されることがあります。これらを混同しないよう注意が必要です。

7　PKO（平和維持活動）ではどのような人たちが活動しているのですか？

> PKO では，部隊，警察部門，文民部門のいずれも，国連加盟国各国から派遣・採用された要員が働いています。

PKO【ここを参照 ☞ Ⅵ 2「PKO とはどういうものですか？」】では，安全保障理事会の決議あるいは総会の決議によって与えられた任務を実施するために，様々な専門の人達が活動しています。

PKO ミッションの主要な任務を担っているのは**部隊要員**です。各 PKO の本部の司令部に所属する要員を除いて，部隊要員は基本的には各国から派遣されている部隊に所属しており，各部隊の長は，司令官のもとに，国連事務総長の指揮命令を受けます。部隊には，停戦監視や文民の保護を行う部隊だけではなく，輸送を行う部隊や，兵站支援や施設の設置や維持を行う部隊など，役割によって様々な部隊があります。2020 年 1 月末現在，69,638 名の部隊要員が 13 のミッションに派遣されています。

写真 19　子供たちに挨拶する MONUSCO の要員
Monusco Peacekeepers salute Children. UN Photo by Abel Kavanagh, 22 January 2016

警察要員は，武装して警察業務を担う機動隊から，軽武装で停戦を監視する要員，非武装で現地警察の能力向上支援を行う要員など，PKO によって異なる役割の要員が配

置されています。部隊要
員と警察要員は，基本的
に各加盟国と事務局との
協議によって派遣されま
す。2020年1月末現在，
8,756名の警察要員が13
のミッションに派遣され
ています。

写真20　ハイチ大地震の後，首都の空港でがれ
きを除去する国連ハイチ安定化ミッション
（MINUSTAH）の日本要員
UN Japanese Contingent Clears Earthquake Debris
at Port-au-Prince Airport,.UN Photo by Victoria
Hazou, 27 April 2011

　また，司令部要員や専
門家として，3,172名が
派遣されています。

　文民要員は，非武装の要員です。兵力引き離しや停戦監視を目的
として比較的短い活動期間を念頭に設置された初期のPKOでは，
基本的に部隊が主要な構成で，支援や調整業務を行う少数の文民が，
現地近隣や本部に派遣されていました。複合的な任務を与えられた
近年のPKOでは，官房的な業務や法務などを担う要員に加えて，
人道支援や現地政府の様々な能力構築などを担う要員が多く配置さ
れています。文民要員には，国連職員（国際職員）のほかに，現地
職員や現地採用の専門職員（National Staff）がいます。選挙監視を
主たる任務としたPKOでは，選挙監視要員を，加盟国と事務局と
の協議によって派遣する場合もありましたが，基本的に文民要員は，
個人単位でポストへ応募し，任期を定めて採用されます。2020年1
月末現在，12,607名の文民要員が13のミッションに派遣されてい
ます。

　PKOの長は，基本的には，事務総長が任命する事務総長特別代
表（文民）です。事務総長特別代表は，現地での国連事務局の代表

として配置され，安全保障理事会の決議あるいは総会の決議によっ
て与えられた任務，特にPKOを実施するために必要な現地政府と
の調整や紛争の関係者との間での調停や交渉も行います。ですので，
分析力や事務能力，現場での調整能力に加えて，外交的な能力も必
要とされる仕事です。これまで日本人では，明石康さんが，カンボ
ジアに展開した国連カンボジア暫定統治機構（UNTAC，1992年2
月28日～1993年9月24日），長谷川祐弘さんが東チモールに展開し
た国際連合東ティモール支援団（UNMISET）の事務総長特別代表
を2004年から2005年まで，また後継の特別政治ミッション（PKO
より小規模な活動）である国連東ティモール事務所（UNOTIL）でも
事務総長特別代表を2006年まで務めました。また，アフガニスタ
ンに展開している特別政治ミッションである国連アフガニスタン支
援ミッション（UNAMA）では，山本忠通さんが2016年から事務
総長特別代表を務めています。

　近年では，人道支援や現地政府の様々な能力構築なども含められ
た複合的な任務を与えられたPKOが設置されることがあり，その
ような場合には事務総長特別代表を補佐するために，副特別代表が，
人道分野及び政務分野にそれぞれ1人ずつ置かれることが多いです。
このうち，人道分野の副特別代表は，現地に展開する国連基金・計
画などの活動を調整する常駐調整官が兼ねることが多く，様々な任
務を担う国連の関連機関が効果的に活動できるよう調整を行います。

　PKOでは，部隊要員，警察要員，文民要員のいずれも複数の国
から派遣されており，異なる言語，文化的社会的背景や仕事の仕方
などを有する人たちが一体となって任務を執行しています【☛もっ
と知る　日本の国連PKOへの参加】。PKOでは，時には困難な環境の
中で，異なる国籍の要員がともに任務を担っており，PKOの展開

国の能力向上だけでなく，参加国間の協力関係の構築にも役立っています。

　PKO が活動を行っている現地には，このほかに，PKO と協力して業務を実施する PKO の契約業者や現地団体や，基金・計画の現地事務所の職員もいます。

▌もっと知る

日本の国連 PKO への参加

　日本は，平成 4 年（西暦 1992 年）に国際平和協力法（通称 PKO 法）を制定し，この枠組みの中で，部隊要員，警察要員，及び文民要員（選挙監視要員）を派遣してきました。

　部隊に関しては，カンボジア（UNTAC），モザンビーク（ONUMOZ），ゴラン高原（UNDOF），東チモール（UNMISET），ネパール（UNMIN），スーダン（UNMIS），ハイチ（MINUSTAH）及び南スーダン（UNMISS）へ派遣し，主に輸送や施設を担当しました。また，司令部要員を，モザンビーク（ONUMOZ），ゴラン高原（UNDOF），東チモール（UNMISET），スーダン（UNMIS），ハイチ（MINUSTAH）及び南スーダン（UNMISS）へ派遣しました。警察に関しては，カンボジア（UNTAC）へ文民警察を派遣しました。選挙監視要員については，カンボジア（UNTAC），モザンビーク（ONUMOZ），エルサルバドル（ONUSAL）へ派遣しました。

▌▌さらに知るには

　PKO や政治ミッションで，事務総長特別代表を務めた日本人の方々の経験を書かれた本には，次のようなものがあります。
・『「独裁者」との交渉術──ボスニア　カンボジア　スリランカ国連和平調停の舞台裏』明石康，木村元彦（2010）集英社新書
・『国連平和構築 紛争のない世界を築くために何が必要か』長谷川祐弘（2018）　日本評論社

8　日本出身の国連職員，基金・計画の職員

　国連では，多くの日本出身の職員が活躍しています。ここでは，そのなかでも，すでに現場を離れられた私たちの先輩がたを紹介します。【国連職員の意味については，ここを参照 ☛ Ⅲ２国連職員とはどういう人達のことですか？】【基金・計画については，ここを参照 ☛ Ⅳ２「『国連』ということばを冠する機関が色々ありますが，これらは全て国連主要機関の指示を受けて，国連事務局が管理しているのですか？」】

写真21　明石カンボジアに関する事務総長特別代表（左から３人目，1992年）
United Nations Transitional Force in Cambodia. UN Photo by Pernaca Sudhakaran, 13 June 1992

　明石康（あかし　やすし）さんは，1957年に，日本人として初めて国連職員に採用され，その後1997年に退任されるまで，そのキャリアのほとんどを国連に捧げた方です。1974年から1979年までは，日本の外務省の国連代表部で勤務され，その後，国連広報担当事務次長，国連カンボジア暫定統治機構（UNTAC）国連事務総長特別代表，旧ユーゴ問題担当・国連事務総長特別代表，国連事務総長特別顧問，人道問題担当国連事務次長を歴任され，1997年12月に国連を退任されました。

　丹羽敏之（にわ　としゆき）さんは，国連と基金・計画の両方で活躍された方です。1971年に，国際連合開発計画（UNDP）に入られてからは，イエメン共和国の国連常駐調整官・UNDP常駐代表，

ネパールの国連常駐調整官・UNDP 常駐代表，タイの国連常駐調整官・UNDP 常駐代表を歴任された後，1990 年に UNDP 事務局の財務管理局長に任命されました。1997 年には，国際連合の事務局で，中央支援サービス担当事務次長補に任命され，2003 年に，国連キャピタルマスタープラン（国連ニューヨーク本部施設総改築計画）執行局長・国連事務次長補を務められました。2004 年から 2007 年には，国際連合児童基金（UNICEF）の事務局次長を務められました。

　田仁揆（でん　ひとき）さんは，1988 年に国連事務局に政務担当の職員として採用され，デクエヤル事務総長（第 4 代），ガリ事務総長（第 5 代），アナン事務総長（第 6 代），バン事務総長（第 7 代）という，実に 4 代の事務総長の下で仕事をされ，2014 年 1 月に国連事務局を退職されました。

　緒方貞子（おがた　さだこ）さんは，1991 年に第 8 代国連難民高等弁務官（UNHCR）に就任され，その後も 2 度再選されて 2000 年 12 月 31 日まで務められました。緒方さんが難民高等弁務官を務めた時期は，1991 年の湾岸戦争によるクルド人難民の流出や，旧ユーゴスラヴィアの紛争，ルワンダの紛争など，深刻な難民の発生が相次ぎましたが，緒方さんは，難民支援及び国内避難民への人道支援を実施し，緊急事態即応体制を強化するなど，強力なリーダーシップを発揮し，難民・避難民の人々を守るために情熱を捧げました。このような緒方さんの交渉力やリーダーシップは，各国首脳や国連で働く職員からの尊敬を集め，「身長 5 フィート（約 150 センチ）の巨人」と称賛されました。

（2019 年 10 月 22 日にお亡くなりになりました）

　松浦晃一郎（まつうら　こういちろう）さんは，外務省の出身で，

1999年にアジアから初めての国際連合教育科学文化機関（UNESCO）の事務局長に就任しました。2009年に退任するまでの間，UNESCOの組織改革を主導しました。

　天野之弥（あまの　ゆきや）さんは，外務省の出身で，ベルギーやアメリカの日本大使館，ウィーンの日本政府代表部での勤務や，外務省の軍縮分野の部長を経て，2009年に日本人として初めて国際原子力機関（IAEA）事務局長に就任しました。

　天野さんは唯一の被爆国出身の事務局長として，2011年の東京電力福島第1原発事故を総括する最終報告書をまとめ，教訓を生かした原発の安全強化を推進しました。イラン核合意に貢献し，北朝鮮の核問題にも取り組み「核の番人」と言われるIAEAを率いました（共同通信7/22 20:16 IAEAの天野事務局長が死去　日本人唯一の国連トップ，72歳）。

　（2019年7月18日にお亡くなりになりました）

　高須幸雄（たかす　ゆきお）さんも，外務省の出身で，ニューヨークやウィーンの日本政府代表部やインドネシアなどでの外務省の仕事と，国連事務局での仕事を行き来されてきた方です。1993年から4年間，国連事務局の財務官という，国連の予算の全てに責任をもつ職に就かれました。2010年12月より，潘基文国連事務総長の「人間の安全保障」に関する特別顧問に就任しました。また，2012年から，国連事務局の管理局長を務められました。管理局長としては2017年に退任されましたが，「人間の安全保障」に関する特別顧問を引き続き務めています。

さらに知るには

　国連職員としての経験を綴った下のような著書は，国連という現場だけではなく，様々な仕事で課題を克服していく上で，参考になると思います。

明石康さんの著書
・『国際連合』明石康（1965）岩波新書
・『国際連合──その光と影』明石康（1985）岩波新書
・『カンボジア PKO 日記──1991 年 12 月〜1993 年 9 月』明石康（2017）岩波書店

緒方貞子さんの著書
・『私の仕事　国連難民高等弁務官の 10 年と平和の構築』緒方貞子（2017）朝日文庫

田仁揆さんの著書
・『国連を読む　私の政務官ノートから』田仁揆（2015）ジャパンタイムズ

丹羽敏之さんの著書
・『生まれ変わっても国連 国連 36 年の真実』丹羽敏之（2019）人間と歴史社

明石康さん，高須幸雄さんの本
・『日本と国連の 50 年：オーラルヒストリー』明石康，高須幸雄，野村彰男，大芝亮，秋山信将（編著）（2008）ミネルヴァ書房

Ⅳ

どこまでを国連というの？

◆ 国連の組織について ◆

1 国連総会などの会議のことを国連というのですか？

> 国連という集まりのあり方を決定しているのは，総会や安全保障理事会など「加盟国」で構成される意思決定機関。

　国連憲章が，国連のメンバーシップとして規定するのは，加盟国です【ここを参照 ☛ Ⅱ 1「国連のメンバーシップってどういうことですか？」】。そして，加盟国は，国連憲章が国連の主要機関と規定する総会，安全保障理事会，経済社会理事会，信託統治理事会をとおして，国連という集まりの運営を協議・決定します。国連という集まりのあり方を決定し指示する主体という意味では，国連総会や安全保障理事会など加盟国で構成される機関がその運営を協議する場そのもののことを「国連」ということができます。2020 年 5 月現在，このような協議の場のうち最大のメンバーシップを有するのは，193 の国連加盟国で構成される国連総会です。

　　一方，加盟国による決定や指示を実施する主体が，国連事務局です。国連設立当初から現在までに出された，加盟国による決定や指示は，膨大な数にのぼります。これらを体系立てて効率的に実施するために，本部事務局の「計画（プログラム）」というものが 1 年

表1　国連本部事務局の計画（プログラム）

1	事務総長室・官房	19	アジア太平洋経済社会委員会
2	総会・会議管理局	20	欧州経済委員会
3	政務・平和構築局	21	ラ米・カリブ経済委員会
4	軍縮部	22	西アジア経済社会委員会
5	平和活動局	23	技術協力通常プログラム
6	宇宙部	24	人権（OHCHR）
7	国際司法裁判所	25	難民保護（UNHCR）
8	法務部	26	パレスチナ難民（UNRWA）
9	経済社会局	27	人道支援（OCHA）
10	LDC, 内陸国, 小島嶼国	28	広報
11	NEPAD	29	管理
12	貿易と開発（UNCTAD）	30	内部監査部（OIOS）
13	国際貿易センター（ITC）	31	合同支弁事業
14	環境（UNEP）	32	特別経費
15	人間居住（UN Habitat）	33	建設・施設維持
16	麻薬統制・犯罪防止	34	保安局
17	UN-Women	35	開発勘定
18	アフリカ経済委員会		

ごとに整理されています。**表1**は，2020年の「計画」の枠組みです。

　また，「計画」を実施するために，一連の部局がつくられており，この部局の総体が国連事務局の組織です。加盟国による決定や指示が変更されれば，この「計画」もそれに応じて変更され，事務局部局の構成も編成しなおされます。

　平和維持活動（PKO）なども，加盟国による決定や指示に従って行われる活動です。現在，15のPKOが，現地で展開されています。
【ここを参照 ☛ Ⅵ2「PKOとはどういうものですか？」】

ですから，「国連」ということばは，どの役割に重点をあてるかによって，より正確に使うことが望ましいのです。多国間での意思決定，国連という集まりのあり方を決定し指示する役割に重点を置くのであれば，「国連加盟国」や，「国連総会」などの意思決定機関の名称を用いることが望ましいですし，加盟国による決定や指示を実施する役割に重点を置くのであれば，「国連事務局」「国連事務総長」と書き分けることが，誤解や混乱を避けるうえで有効です。

この本でも，できるだけ「(国連) 加盟国」，「(国連) 事務局」と書き分けていきます。

2 「国連」ということばを冠する機関が色々ありますが，これらは全て国連主要機関の指示を受けて，国連事務局が管理しているのですか？

UNHCR は国連ですか？

UNICEF は国連ですか？

UNESCO は国連ですか？

「国連」ということばがついている国際機関は確かに色々あります。例えば，UNICEF（ユニセフ）の和訳名は「国連児童基金」ですし，緒方貞子さんが長を務めた UNHCR は「国連難民高等弁務官」です。UNESCO（ユネスコ）は「国連教育科学文化機関」と訳されています。これらの機関は，全てニューヨークの「国連本部」【ここを参照 ☞ Ⅰ 1「国連本部はどこにあるのですか？」】の一部なのでしょうか？ UNICEF の本部はニューヨークにありますが，UNHCR の本部はジュネーブ，UNESCO の本部はパリにある，ということは，どうやらそうではないようです。

「国連総会などの会議のことを国連というのですか？」では，国連という集まりのあり方を決定し指示する国連総会や安全保障理事会など加盟国で構成される機関のことを「国連」「国連加盟国」，加盟国による決定や指示を実施する主体を「国連事務局」「国連事務総長」と説明しました。国連の主要機関【ここを参照 ☞ Ⅲ 1「国連には，どんな人達がいるのですか？」】が運営について直接決定・指示し国連事務局が管理する活動の範囲は，事務局の各部局（表1），平和活動活動（PKO），及び国際刑事裁判所残余法廷です。そうすると，

プラクティス民法 債権総論 〔第5版補訂〕

潮見佳男 著

SHIOMI YOSHIO
One always has to keep in practice
プラクティス民法
債権総論
［第5版補訂］

信頼の債権総論教科書 第5版補訂

CASEを駆使して、民法理論がどのような場面で使われるのかの理解を促し、原理・制度・概念という各骨格部分の正確な理解へと導く。2020年〔令和2年〕4月施行の民法（債権法）改正対応版。第5版刊行以降の動向を反映させた補訂版。

信山社　2795-0601　定価 本体5,000円（税別）

A5変・上製・730 頁
ISBN978-4-7972-2795-6 C3332
定価：本体 5,000 円＋税

2020年施行の民法（債権法）改正対応版

第5版補訂では、第3章の債務不履行、損害賠償請求権（Ⅱ）、第4章の責任財産の保全、債権者代位権（Ⅰ）、詐害行為取消権などで加筆を行い、解説の充実をはかった。memo を新たに2件追加。民法（債権法）改正対応版。

生ける世界の法と哲学
ある反時代的精神の履歴書
井上達夫 著

Law and Philosophy in Our Living World :
The Curriculum Vitae of a Mind Going Against the Current
生ける世界の
法と哲学
── ある反時代的精神の履歴書 ──
井上達夫
Tatsuo Inoue

「井上達夫の法哲学の世界」に誘う

暴走する世界と迷走する日本への反時代的「檄」。実践と原理を結ぶ、40 年間の知の行路、その「回顧的総括」と、いま熱きメッセージを込めた「未来への提言」。

「井上達夫の法哲学の世界」に誘う
暴走する世界と迷走する日本への
反時代的「檄」
実践と原理を結ぶ、40年間の知の行路
その「回顧的総括」と、いま熱きメッセージを込めた「未来への提言」

信山社

四六変・上製・548 頁
ISBN978-4-7972-9881-9 C3332
定価：本体 5,200 円＋税

-0033 東京都文京区本郷6-2-9-102 東大正門前
03(3818)1019 FAX:03(3811)3580 E-mail:order@shinzansha.co.jp

信山社
http://www.shinzansha.co.jp

国際法・国際人権法

芹田健太郎著作集

「とき」と「ところ」を生きる「人」と「国」を見る、具体的人間観・具体的国家観を構築。歴史や先例から人間の知的営為を凝視し、超国家的な、人類の共同意思によって支持される国際法・国際人権法を希求する。

> 国際法・国際人権法
> 芹田健太郎著作集 第1巻
>
> ## 人類史と国際社会
>
> 「とき」と「ところ」を生きる「人」と「国」を見る
> 具体的人間観・具体的国家観を構築
>
> 歴史や先例から人間の知的営為を凝視し、超国家的な、人類の共同意思によって支持される国際法・国際人権法を希求する
>
> 本体6500円 定価：本体6,500円+税
>
> 信山社

＊表示価格は本体価格です。別途、消費税がかかります。(2020 年 4 月末現在)

〒-0033 東京都文京区本郷6-2-9-102 東大正門前
☎03(3818)1019 FAX：03(3811)3580 E-mail：order@shinzansha.co.jp

信山社
http://www.shinzansha.co.jp

2 「国連」ということばを冠する機関が色々ありますが，これらは全て
国連主要機関の指示を受けて，国連事務局が管理しているのですか？

国際機関Aは「国連」なのかどうかは，まず，その国際機関Aの活動が，国連主要機関をとおして国連加盟国の指示をうけるものかどうか，そして，そのような指示を受けて国連事務局によって運営されているものかどうか，という点が判断の基準になります。

　Ⅳ1の「国連総会などの会議のことを国連というのですか？」の表1を見ると，UNHCRは，国連の「計画」の1つに数えられています。ただし，機構としては，国連事務局の1つではありません。これは国連事務局がUNCHRの本部のための費用の一部を管理しているということであって，UNHCRの活動自体は，独立の意思決定機関（執行委員会）で行われています。このような機関は，ほかにも国連環境計画（UNEP）や国連パレスチナ難民救済機関（UNRWA）などいくつかあります。

　これに対し，UNICEFとUNESCOは，国連の「計画」からも予算からも独立した機関です。どういうことなのか，混乱しそうですね。では，「国連事務局」以外の機関の成り立ちについて，見てみましょう。

　「国連」ということばがついていたり，ほかにも国連と関係が深い国際機関や，は，大きく分けて，3つのグループに分けられます。

　1つめは，国連総会が，**補助機関**（Subsidiary organs）として設立したものです。国連憲章第22条は，「総会は，その任務の遂行に必要と認める補助機関を設けることができる。」と規定しています。これらの機関の設立根拠はそれぞれの総会決議であり，各補助機関はその活動を総会に報告する必要があります。このような機関の組織構造や財源については，それぞれの総会決議や関連する決定によって異なります。例えば，「国連人権理事会」は，総会に報告す

る意思決定機関の１つで，その事務局は国連事務局の内局である人権高等弁務官事務所の中に位置づけられており，人権理事会事務局の活動と経費は，国連の「計画」の一部として国連事務局の運営予算（通常予算）で賄われています。他方，UNICEF は，独自の意思決定機関（36 か国の政府代表で構成される執行理事会）と事務局，及び財源（各国からの任意拠出金）を有していて，国連事務局の構造や予算からは独立しています。UNICEF のような機関は，他に国連開発計画（UNDP），国連食糧農業機関（FAO）及び国連が母体となって設置された世界食糧計画（WFP）などがあります。UNEP，UNHCR，UNRWA などは，国連の「計画」の一部として位置づけられていますが，組織としては国連事務局から独立しており，国連事務局の予算から定められた額を支弁されてはいますが，基本的には各国の任意拠出金を財源としています。任意拠出金を基本的な財源としたこのような機関を「基金・計画（Funds & Programmes）」と呼んでいます。【☞ もっと知る①総会の補助機関の設立根拠】

　２つめは，専門機関（Specialized Agency）と呼ばれるもので，専門の分野に関して国連とは別個の経緯で設立された機関が，国連憲章第 57 条にもとづいて国連と連携関係をもつに至った機関です。国連憲章第 57 条は，「政府間の協定によって設けられる各種の専門機関で，経済的，社会的，文化的，教育的及び保健的分野並びに関係分野においてその基本的文書で定めるところにより広い国際的責任を有するものは，第 63 条の規定に従って国際連合と連携関係をもたされなければならない。

　こうして国際連合と連携関係をもたされる前記の機関は，以下専門機関という。」と規定しています。

　例えば UNESCO は，ユネスコ憲章（1946 年）を批准した 20 か

84

2 「国連」ということばを冠する機関が色々ありますが，これらは全て
　国連主要機関の指示を受けて，国連事務局が管理しているのですか？

国が設置し，その意思決定機関，事務局，財源は，ユネスコ独自の
ものです。このような機関には，FAO，国際労働機関（ILO），世
界保健機関（WHO）などがあります。世界銀行グループもこれに
あたります。これらの機関の設置根拠は，それぞれの憲章や設立条
約であり，国連との関係の根拠は連携協定文書となります。【☛ もっ
と知る②専門機関の国連との連携協定文書】

　3つめは，国際連合との間で連携協定を結んでいないけれども，
総会，安全保障理事会，経済社会理事会への報告を行うなど，国連
と密接な関係にある機関で，国連の関連機関と呼ばれています。国
際原子力機関（IAEA）は，総会と安全保障理事会に報告を行って
います。このような機関には，ほかに，化学兵器禁止機関（OPCW），
包括的核実験禁止条約機構（CTBTO）準備委員会，世界観光機関
（WTO）があります。【☛ もっと知る③国連の関連機関の設立根拠】

　これらの機関は，まとめて「国連ファミリー」と総称されていま
すが，各機関の構造や財源は国連事務局とはほぼ別のものです。専
門機関や関係機関では，加盟国の構成も異なります。従って「国
連」ということばが名称に入っているからといって，国連事務局が
管理している機関であるというわけではありません。UNDPの意
思決定は，UNDPへの拠出国で構成される執行理事会で行われて
おり，国連総会での交渉とは別のものです。UNESCOへの任意拠
出金を削減しても，国連事務局には影響を及ぼしません。

　私たちは，なんとなく「国連」いう言葉で，こういった国際機関
をまとめて表現しがちですが，実は，「国連」という言葉が示す範
囲は国連事務局が管理するものを指しており，比較的限定されてい
るのです。なんとなく「国連」という言葉を使う前に，私たちが指

したい主体とその言葉が指す内容とが異なったものとならないよう，具体的な主体はどの機関のことなのか，そして加盟国のことを指したいのか事務局のことを指したいのかを整理して，正確な名称を用いることが重要です。

┃ もっと知る

①　総会の補助機関の設立根拠

・UNICEF は，国連総会決議 57（Ⅰ）（1946 年 12 月 11 日）によって，国際児童緊急基金（International Children's Emergency Fund）として設置され，1953 年に現在の名称（United Nations Children's Fund）に改称されました。

・国連人権理事会は，国連総会決議 60/251（2006 年）によって前身の人権委員会（1946 年に経済社会理事会決議 9（Ⅰ）によって設置）に代わる a subsidiary organ として設置が決定されました。その会合開催と事務局のための財源は，人権委員会と同様，国連事務局の予算（国連計画予算）から賄われています。

・国連開発計画（UNDP）は，国連総会決議 2029（XX）（1965 年）によって設置されました。

・国連食糧農業機関（FAO）は，FAO 憲章（Constitution of the United Nations Food and Agriculture Organization, 1945 年 10 月 16 日発効）により設置され，1947 年 2 月 3 日の連携協定（Protocol concerning the entry into force of the Agreement between the United Nations and the Food and Agriculture Organization of the United Nations）で国連との連携関係を設置しました。

・世界食糧計画（WFP）は，国連総会決議 1714（XVI）（1961 年 12 月 19 日）によって試験的に設置され，国連総会決議 2095（XX）（1965 年 12 月 20 日）に存続が決定されました。

・国連難民高等弁務官（UNHCR）は，国連総会決議 428（Ⅴ）によって設置されました。

・国連パレスチナ難民救済機関（UNRWA）は，国連総会決議 302（Ⅳ）

2 「国連」ということばを冠する機関が色々ありますが，これらは全て
国連主要機関の指示を受けて，国連事務局が管理しているのですか？

（1949 年 12 月 8 日）によって設置されました。

② 専門機関の国連との連携協定文書

・UNESCO は，UNESCO 憲章（1946 年 11 月 4 日発効）により設置され，1947 年 2 月 3 日 の 連 携 協 定（Protocol concerning the entry into force of the Agreement between the United Nations and the United Nations Educational, Scientific and Cultural Organization）で国連との連携関係を設置しました。

・国際労働機関（ILO）は，ベルサイユ条約（1919 年）によって国際連盟とともに設置され，1946 年 12 月 19 日の連携協定（Protocol concerning the entry into force of the Agreement between the United Nations and the International Labour Organization）で国連との連携関係を設置しました（1 UNTS 183）。

・世界保健機関（WHO）は，憲章（1946 年）に基づき 1948 年に設置され，1948 年 7 月 10 日の連携協定（Agreement between the United Nations and the World Health Organisation, approved by the General Assembly of the United Nations on 15 November 1947 and by the World Health Assembly on 10 July 1948, and Protocol concerning the entry into force of the said Agreement）で国連との連携関係を設置しました（19 UNTS 193）。

③ 国連の関連機関の設立根拠

・国際原子力機関（IAEA）は，IAEA 規程により 1957 年 7 月 29 日に設置されました。

・化学兵器禁止機関（OPCW）は，化学兵器禁止条約（Chemical Weapons Convention，1997 年 4 月 29 日発効）の規定に従って，この条約の履行機関として設置されました。

・CTBTO 準備委員会（CTBTO）は，包括的核実験禁止条約（CTBT）の締約国会合での決議 CTBT/MSS/RES/1（1996 年 11 月 19 日採択）により，条約発効にむけた準備を行うために設置されました。

▌さらに知るには

　世界銀行の活動について，現場に携わった方が書かれた本には次のようなものがあります。

・『国をつくるという仕事』西水美恵子（2009）英治出版

3　国連で使用される言語

> 国連の主要機関は，それぞれ使用する言語を決めています。

　現在，国連の公式文書や会議で使用される言語は6あります。英語，フランス語，スペイン語，中国語，ロシア語，アラビア語です。

　国連憲章では，**憲章の正文の言語**について，第111条で，「この憲章は，中国語，フランス語，ロシア語，英語及びスペイン語の本文をひとしく正文と」すると定めています。これに加えて，総会や安全保障理事会などの政府間協議体が，それぞれの公用語について規定を採択して，使用する言語を定めています。

　例えば，総会は，総会決議2(I)（1946年2月1日採択）が，中国語，フランス語，英語，ロシア語及びスペイン語を公用語（official languages）と規定し，また英語とフランス語を作業言語（working languages）と規定しました。その後，スペイン語，ロシア語，中国語が総会の作業言語として規定され，アラビア語もこれに続いて総会の公用語及び作業言語に規定されました。安全保障理事会は，1946年に暫定手続規則（S/96）で，中国語，フランス語，英語，ロシア語及びスペイン語を公用語と規定し，また英語とフランス語を作業言語と規定しました。

　公用語と作業言語の違いは，国連創設当初の段階では，文書翻訳を行う言語と，会合における通訳後の言語という趣旨で用いられていましたが，同時通訳者の技術が高まった現在，この2つに大きな差異はなくなってきています。

　現在，総会手続規則が，6か国語を総会及びその主要委員会の公用語及び作業言語に（規則51-57），安保理手続規則が，6か国語を安保理の公用語及び作業言語に（規則41-47），経済社会理事会手続規則が，6か国語を公用語，英語，フランス語，スペイン語の3か国語を作業言語に（規則32-35），それぞれ規定しています。

　言語職員（翻訳スタッフ，編集スタッフ，通訳スタッフ）は，国連の政府間協議体を円滑に運営するにあたりとても重要な役割を担っています。言語職員は，1つの言語から2以上の言語への翻訳や通訳をする能力を求められる場合が多く，また，専門的な用語にも精通していなければならず，国連を支える言語のスペシャリストとして，常に能力を磨いています。

写真22　第73会期国連総会の一般討論演説で同時通訳を行う国連通訳
Scene at UN Headquarters during High-level Week of 73rd General Assembly, UN Photo by Laura Jarriel, 25 September 2018

4　国連総会ってどんなところですか？

> 各国首相が集まる「一般討論演説」は，国連総会のほんの一
> 部分。加盟国は，総会のもとの主要委員会で，国連の運営に関
> する協議や交渉を行って，意思決定を行います。

国連総会は，国連におい
て最大の意思決定機関です。

その最も上位の会合で
ある総会本会議（Plenary
Meeting）は，国連本部の
総会議場で開かれます。

国連憲章第7条は，国連
の主要機関について次のよ
うに規定しています。

写真 23　国連総会本会議の様子

第7条　機関

1　国際連合の主要機関として，総会，安全保障理事会，経済社
　会理事会，信託統治理事会，国際司法裁判所及び事務局を設ける。

2　必要と認められる補助機関は，この憲章に従って設けること
　ができる。

ここで列挙されている機関のうち**総会，安全保障理事会，経済社
会理事会，信託統治理事会**（最後の信託統治領であるパラオに関する
信託統治協定の終了を決定した 1994 年以降は活動を行っていない[1]）の

---

(1)　安保理決議 956（1994）

4つは，国連の運営にかかわる**意思決定機関**です。ただし，「総会」「安全保障理事会」という独立・自律的な人格が存在するわけではなく，これらの機関は加盟国の代表で構成されています。議長・副議長や書記も加盟国の代表が務めています。つまり，これら4つの機関は，「加盟国」を異なる意思決定の枠組に応じて呼び変えたものです。

　総会は，このうち最も開かれた意思決定機関で，全ての加盟国により構成されます（国連憲章第9条）。2020年現在193カ国を数える加盟国は，その大小にかかわらず1票を有しています（国連憲章第18条）。

〔国連総会の会期〕

　国連総会の通常会期は，毎年9月の第3火曜日に開会され，会期は1年間です。その間に行われる一連の会合は，「第〇〇回会期」の会議であると示されます。また，安全保障理事会の要請又は国際連合加盟国の過半数の要請があったとき，事務総長が招集して特別会期が開催されます（国連憲章第20条）。また，安全保障理事会が機能を果たすことができない場合に，緊急特別会期を招集することもできます。【平和のための結集決議についてはここを参照 ☛「4　国連ではいつ会議をしているのですか？」】

〔参考〕国連憲章
第9条
　1　総会は，すべての国際連合加盟国で構成する。
第18条
　総会の各構成国は，1個の投票権を有する。
第20条
　総会は，年次通常会期として，また，必要がある場合に特別会期と

して会合する。特別会期は，安全保障理事会の要請又は国際連合加
盟国の過半数の要請があったとき，事務総長が招集する。

　通常会期の開会直後の期間に行われるのが，各国首脳が参加する
一般討論演説です。この期間は，国連本部の総会議場で演説を行う
ために各国首脳が集まり，ニューヨークの国連本部に最も多くの
人々が出入りし，ニューヨーク市内にも交通規制が敷かれる，特別
な期間です。

〔国連総会の役割と審議内容〕

　一般討論演説の期間が終わると，実質的な審議がはじまります。
総会が討議する問題は，「**この憲章の範囲内にある問題若しくは事
項又はこの憲章に規定する機関の権限及び任務に関する問題若しく
は事項**」と非常に幅広く国連憲章に規定されています。国連総会は，
国際の平和及び安全の維持に関する問題について，安全保障理事会
がすでに討議に入っている事項を除いて，討議の結果，国際連合加
盟国，もしくは安全保障理事会，又はこの両方に対して勧告をする
ことができます。また，政治的分野における国際協力の促進，国際
法，経済的・社会的・文化的・教育的及び保健的分野における国際
協力の促進，人権及び基本的自由の実現等のために研究を発議し，
勧告をします（国連憲章第10条から第15条）。また，総会は，国際
の平和及び安全を危うくするおそれのある事態について，安全保障
理事会の注意を促すことができます（国連憲章第11条）。安全保障
理事会は，総会に年次報告を行います（国連憲章第15条）。

　これらの問題に加えて，国連総会は，加盟国による決定や指示事
項を，事務局機構の役割として構成し，そのための経費を決定する
という責務，つまり国連という政府間協議機関において，加盟国の

役割や義務の調整，及び事務局機構のマネジメントという，全体的な調整を行う責務を負っています。また，補助機関を設けることもできます。このような責務は，安全保障理事会や経済社会理事会にはない，総会にのみ負わされているものです。

〔参考〕国連憲章

第17条

　1　総会は，この機構の予算を審議し，承認する。

　2　この機構の経費は，総会によって割り当てられるところに従って，加盟国が負担する。

〔国連総会の主要委員会〕

　このように非常に幅広い問題を討議するために，総会は，本会議の下に主要委員会（Main Committees）を置いています。現在の総会主要委員会は，次のような6つの委員会で構成されています。

・軍縮及び国際安全保障に関する委員会（第1委員会）

・政治及び非植民地化に関する特別委員会（第4委員会）（パレスチナに関する特別委員会を吸収）

・経済・金融に関する委員会（第2委員会）

・社会，人道，文化に関する委員会（第3委員会）

・行財政に関する委員会（第5委員会）

・法務に関する委員会（第6委員会）

　幅広い問題は，「議題」という形で整理されます。総会の直下の委員会（一般委員会）が，それぞれの議題について第1から第6のどの委員会で審議するかを割り振ります。第1から第6の各主要委員会は，毎年10月冒頭からこれらの各議題の審議をはじめ，合意事項を「決議（Resolution）」という形で残します。この「決議」を

作成する作業が，一般的に「交渉」と呼ばれるプロセスです。

　各主要委員会での交渉は，概ね次のように行われます。まず，記録が残される公式会合で，各議題に関する文書（基本的には事務総長報告書とそれに含まれる事務総長提案）が加盟国に提示されます。加盟国は，その文書に対する基本的な立場を述べることができます。加盟国による立場表明が終結すると，議長より，その議題に関する審議方法が提案され，異論がなければ，公式会合に続いて，記録が残されない非公式協議を実施します。非公式協議では，質疑などをふまえて，各加盟国がその立場や提案を決議案文という形で提示します。これを１つの決議にとりまとめる必要がありますが，各国とも自分の提案を残すために，他国を説得したり，対案を出したり，修正を行ったりするのです。

このような会合や交渉は，総会議場ではなく，中規模の会議場や，もっと小さな会議室で行われます。こういった姿は，報道などでは写されませんが，国連における実質的な意思決定というのは，そのほぼ全てが，このように行われている非公式な交渉です。

写真24　国連のエンブレム（紋章）。北極点を中心にした地図に，平和の象徴であるオリーブの枝をあしらったもの。総会議場の中央に掲げられている。
UN Photo by Cia Pak, 03 October 2017

〔国連総会での採決〕

　決議案が整理されると，主要委員会の公式会合で採決が行われます。投票を行うことなく採択される決議案もあれば，投票によって採択される決議案もあります。主要委員会の公式会合で採択された決議案は，総会本会議に上程されます。総会本会議で採択された決

議が，「総会決議」となります。

　決議や決定の採択（表決）は，基本的には，出席しかつ投票する加盟国の単純過半数によって行われます（国連憲章第18条3）。表決に出席しかつ投票する加盟国の3分の2の多数を必要としている「重要問題」には，次のようなものがあります（国連憲章第18条2）。

・国際の平和及び安全の維持に関する勧告
・安全保障理事会の非常任理事国の選挙
・経済社会理事会の理事国の選挙
・国連憲章86条1cによる信託統治理事会の理事国の選挙
・新加盟国の国連への加盟の承認
・加盟国としての権利及び特権の停止
・加盟国の除名
・信託統治制度の運用に関する問題
・予算問題

　これらの「重要問題」の多くは，国連という政府間協議機関の全体的な調整という責務に関連しています。ちなみに，ある事項を「重要問題」とするかどうかについての表決は，出席しかつ投票する加盟国の単純過半数によって行われます。【もっと知る ☛ 国連総会決議の拘束力】

コラム　総会議場の各国席の決め方

　総会は，会期の終わり近くに次期会期総会議長の選出を行う際に，事務総長がくじをひいて，次期会期総会の総会議場で壇上から見て最前列の最も右の席に座る国を決定します。その国の隣以降の国は，英語のアルファベット順に続き，会期中同じ席順となります。この席順は，基本的に総会の主要委員会の公

式会合にも適用されます。ちなみに，英語では，アメリカ合衆国は「United States of America」，イギリスは，「United Kingdom of Great Britain and Northern Ireland」なので，いずれも「U」からはじまる国として近に配置されていますが，ジュネーブではフランス語表記が採用されているので，「(Les) États-Unis」「(Le) Royaume-Uni」となり，席が大きく離れます。

　なお，会期中に国名を変更した国については，事務局に通報され次第，新たな国名での席順が適用されます。2018年にスワジランド（Swaziland）から国名変更したエスワティニ（Eswatini）の席は，会期途中に，スリナム（Suriname）とスウェーデン（Sweden）の間の席から，エストニア（Estonia）とエチオピア（Ethiopia）の間の席へ移動しました。

▌もっと知る

国連総会決議の拘束力

　国連憲章第4章の関連条文が，国連総会の権限について「勧告」することができる，とされていることをふまえて，国連総会決議は法的拘束力を持たず，国連加盟国には決議に従う義務はないという説明がされることもあります。しかし実際には，国連という政府間協議機関の全体的な調整にかかわる事項は，その後の活動において全ての加盟国の役割や義務の基盤となるものですし，国連憲章の改正も国連総会決議という形で行われるものですから，一概に「国連総会決議には何らの拘束力はない」とは言い切れない部分もあります。

　条約には国家の明示の合意が表明されていることが必要という説から見れば，一種の条約と扱いうる国連総会決議もあるといえます。国連という政府間協議機関の全体的な調整にかかわる事項に関するものでない決議についても，加盟国の明示の合意がどの程度反映されたものかによって，その意味あいが異なるといえます。例えば，投票の結果ギリギリの多数で採択された決議よりも，採択が全会一致で行われた決議のほ

うが，より強い加盟国の明示の合意を得ているとはいえます。決議の各条項の中でも，各国への要請事項や決定事項と，それ以外の条項とでは効果も異なりますから，総会決議の拘束力は，条項の内容，採決の方法と状況等によって個別に判断する必要があるでしょう。

　ちなみに，国連憲章第19条にもとづき分担金支払延滞のために投票権を停止された加盟国に投票を許す決定は，国連総会決議で行われます。このような決議は，通常，国連総会の会期が開会して間もなく行われ，その会期をとおして有効となります。

〔参考〕国連憲章
第19条　この機構に対する分担金の支払が延滞している国際連合加盟国は，その延滞金の額がその時までの満2年間にその国から支払われるべきであった分担金の額に等しいか又はこれをこえるときは，総会で投票権を有しない。但し，総会は，支払いの不履行がこのような加盟国にとってやむを得ない事情によると認めるときは，その加盟国に投票を許すことができる。

5　安全保障理事会とはどのような会なのですか？

　安全保障理事会は，国連の意思決定機関のうち最も強い権限を持っているのですか？

　平和と安全に関する問題は安全保障理事会にしか審議できないのですか？

　安全保障理事会は，平和と安全を維持することに主要な責任を負う国連の主要機関であり，加盟国は，国連憲章のもとに，安全保障理事会の決定を受諾し，履行する義務を有します（国連憲章第25条）。

〔任務と権限〕

　安全保障理事会には，非常に広範な**任務と権限**が与えられています。

　国連加盟国は，その国際紛争を平和的手段によって国際の平和及び安全並びに正義を危うくしないように解決しなければならず，また，その国際関係において，武力による威嚇又は武力の行使を，いかなる国の領土保全又は政治的独立に対するものも，また，国際連合の目的と両立しない他のいかなる方法によるものも慎まなければなりません（国連憲章第2条　第2項及び第3項）。継続すれば，国際の平和と安全の維持を危うくする恐れのあるものについて，国連憲章第33条は，「その当事者は，まず第一に，交渉，審査，仲介，調停，仲裁裁判，司法的解決，地域的機関または地域的取極の利用その他当事者が選ぶ平和的手段による解決を求めなければならない」と規定しています。安全保障理事会は，必要と認めるときには，当事者に対してそのような手段による解決を求めたり，調査をした

り，ほか適当な調整の手続や方法を勧告したりすることができます（国連憲章第33条第2項，第34条，第35条）。これらの手段によって紛争を解決することができなかった場合には，加盟国はその国際紛争を安全保障理事会に付託しなければなりません（国連憲章第37条）。また，全ての紛争当事者が要請すれば，安全保障理事会はその平和的解決のためにこの当事者に対して勧告を行うことができます（国連憲章第38条）。

　安全保障理事会はまた，平和に対する脅威，平和の破壊または侵略行為の存在を決定し，国際の平和及び安全を維持し，または回復するために，勧告をし，あるいは非軍事的措置及び軍事的措置をとるかを決定します（国連憲章第39条）。

写真25　安全保障理事会の審議の様子（1954年）
The Security Council Chamber, UN Photo by MB, 01 April 1954

〔構　成〕

　この任務を担うのが，5の常任理事国と，10の非常任理事国です。

　常任理事国は，国連憲章第23条第1項に規定されている「中華民国，フランス，ソビエト社会主義共和国連邦，グレート・ブリテン及び北部アイルランド連合王国（イギリスのこと）及びアメリカ合衆国」ですが，「中国（China）代表」として国連創設当初より加盟国だった中華民国は，中国代表権問題に関して1971年に総会決議2758が賛成多数で採択された結果，安全保障理事国としての代表権を失いました。ソビエト社会主義共和国連邦の安全保障理事国と

しての地位は，ロシアに承継されています。

　非常任理事国は，発足当初は 6 か国でしたが，1965 年に発効した国連憲章の改正により，10 か国に拡大されました【ここを参照 ☛「2　国連憲章の改正は不可能なのですか？」】。10 の理事国は，総会での選挙で決定されます。非常任理事国の任期は 2 年で，1 年毎に半数である 5 席について選挙を行います。任期を終了する理事国は，直後の任期に立候補することはできません（第 23 条第 2 項）。総会では，「第一に国際の平和及び安全の維持とこの機構のその他の目的とに対する国際連合加盟国の貢献」に，更に「衡平な地理的分配に特に妥当な考慮を払って」選挙を行うこととされており，2019 年現在，その議席分配は，アジア・アフリカ 5 か国（アジア 2 か国，アフリカ 3 か国），東欧 1 か国，ラテンアメリカ及びカリブ 2 か国，西欧その他 2 か国（総会決議 1991）となっています。非常任理事国の選挙は，毎年だいたい 10 月中旬に行われ，任期は翌年の 1 月 1 日から 2 年間となります。

表 2　2020 年の安全保障理事会の構成

常任理事国	アメリカ合衆国	連合王国	フランス	ロシア	中国
非常任理事国（〜2020年末）	ベルギー	ドイツ	ドミニカ共和国	インドネシア	南アフリカ共和国
	（西欧その他）	（西欧その他）	（ラテンアメリカ及びカリブ）	（アジア）	（アフリカ）
非常任理事国（〜2021年末）	エストニア	セントヴィンセントアンドグレナディン	ヴェトナム	チュニジア	ニジェール
	（東欧）	（ラテンアメリカ及びカリブ）	（アジア）	（アフリカ）	（アフリカ）

　総会の議長の任期は総会会期の 1 年間ですが，安全保障理事国の

議長は英語のアルファベット順に毎月各国持ち回りとなっています。総会議場では，議長は演壇で議事を進行しますが，安全保障理事会では，議長は，切れ目の入った円形のテーブルの中央（切れ目の反対側）に座り，その右隣に事務総長が座ります。翌月になると議長もアルファベット順に代わりますので，そのまま一つずつ右に席がずれていくことになります。

　安全保障理事会には，特定の会期といったものはありません。あらかじめ定められている議事日程の他にも，必要があれば，緊急会合が招集されます。ですから，安全保障理事国は，ニューヨークに常に代表を置くことが憲章で定められています（国連憲章第28条）。

〔安全保障理事会の決議〕
　安全保障理事会での決定事項は，基本的には決議によって示されます。新たなPKOや制裁のしくみなどを設置する決議の場合には，ひとつひとつの言葉使いに至るまで厳密な交渉が行われます。交渉の結果として整理された決議案は，表決にかけられます。

　表決に際して，各理事国は，1個の投票権を有しますが，採択には，15か国の過半数である8より1多い，9理事国の賛成が必要です。決定内容が手続事項である場合には，その9理事国はどの理事国であってもかまいませんが，手続事項以外の全ての事項に関する場合には，**常任理事国の同意投票を含む9理事国の賛成投票が必要**となります（国連憲章第27条）。つまり，5の常任理事国のうち，1か国でも反対投票を行った場合は，採択を行うことができないということです。【ここを参照 ☛ Ⅳ7「拒否権とは何ですか？」】

　安全保障理事会の決議は**法的拘束力**を有しています。**法的拘束力**とは，加盟国が，安全保障理事会の決議の中で，具体的に各国に対

102

して要請されている事項を，国際的な義務として受け入れることが求められるという意味です。国際的な合意文書の効力を発生させるために，国内法で規定する必要がある国には，そのための国内法を整備する義務を生じさせます。義務を負う国は，紛争の当事国には限りません。たとえば，国際の平和と安全への脅威を構成する国に対する物資や技術，資金の移転や調達を禁止した場合には，加盟国各国には，それらを禁止する国内立法を行う義務が生じます。安全保障理事会の許可のない決議の不履行は，国家責任を生じさせることになります。この意味では，安全保障理事会には，他の主要機関よりも強い効果を持つ決定を行う権限が与えられているといえます。

〔総会との関係① 安全保障理事会にない権限〕

　他方，このように広範で強力な権限をもつ安全保障理事会にも，与えられていない権限があります。そのうちの１つが，予算に関する権限です。安全保障理事会が設置を決定した活動を，国連（この機構）の活動として実施し，全加盟国によって担われる財源で賄おうとする場合には，総会に予算案を提出し，総会の承認を得なければなりません。これは，安全保障理事会という限られたメンバーシップによる意思決定が，全加盟国に課せられる財政負担をいたずらに増大させることがないようにするためのしくみであるといえます。

　ほかにも，総会のみに認められている権限として，安全保障理事会の非常任理事国の選挙，経済社会理事会の理事国の選挙，国連憲章86条1cによる信託統治理事会の理事国の選挙，新加盟国の国連への加盟の承認，加盟国としての権利及び特権の停止，加盟国の除名などがあります。

　決議以外の方法によって，安全保障理事会の意思が示されること

もあります。議長声明や，公式コミュニケ，プレス声明は，テロや一方的な攻撃行為など世界の平和と安全への脅威となる事態が発生したときに，迅速に安全保障理事会の意思を示す方法として用いられています。議長声明は公式文書として残されますが，プレス声明は公式文書としては残されず，いずれの形態の文書も拘束力を持ちません。

〔総会との関係②　平和と安全に関する審議と決定〕

　平和と安全に関する審議と決定は，安全保障理事会にしか行えないのかというと，必ずしもそうではありません。

　国連総会は，1950 年 11 月に，安全保障理事会が，常任理事国の拒否権【ここを参照 ☛ Ⅳ 7「拒否権とは何ですか？」】によって，国連の本来の目的である国際の平和と安全の維持のための役割を果たすことができなくなることを防ぐために，総会が代わって行動を取るための手続きを採択しました。この決議は，「平和のための結集(Uniting for Peace)」決議と呼ばれています（総会決議 377 (V)）。この決議では，国際平和への脅威，平和の破壊や侵略行為が存在すると思われるにもかかわらず，安全保障理事会の常任理事国の合意が得られないために安全保障理事会が行動をとることができない場合には，国際の平和と安全を維持または回復するために必要と見なせば，武力の行使をも含む集団安全保障措置を加盟国に勧告するため，直ちにその問題を取り上げる権限も，総会に与えています【ここを参照 ☛ Ⅳ 6「国連ではいつ会議をしているのですか？」〔総会〕】。この決議が採択されたのは，朝鮮動乱が勃発した際に朝鮮に派遣された国連軍への指示を発すべき安全保障理事会が機能不全に陥ったことでしたが，この後今までの間に，この決議は 11 回援用され，10 回の緊急特別会期が開かれました。

6 国連では，いつ会議をしているのですか？

　国連総会の通常会期は毎年9月半ばから1年間。緊急特別会期が招集されることもあります。

　安全保障理事会は，継続して任務を行うため，特に会期はありません。

　毎年9月，各国首脳が参加する国連総会の一般討論演説に日本の総理大臣が出席するときには，テレビなどで大きく報道されたりしますが，国連で行われている会議はこれだけではありません。一般討論演説では，各国首脳は様々な事項についての自国の考えを主張しますが，これ自体は交渉ではありません。交渉は，総会や安全保障理事会，経済社会理事会のもとで，そのほとんどが，より専門化された下部機関において行われ，下部機関でもさらに議題毎に分かれ，議事の記録を残さない非公式な形で行われます。

〔総 会〕

　国連憲章第20条は，「総会は，年次通常会期として，また，必要がある場合に特別会期として会合する。特別会期は，安全保障理事会の要請又は国際連合加盟国の過半数の要請があったとき，事務総長が招集する。」と規定しています。

　総会の通常会期（Regular Session）は，毎年9月の第3週の火曜日に召集されます。この会期は，一般委員会の勧告にもとづいて総会が定める日に閉会しますが，通常は次期会期が開会する前の日に閉会します（総会手続規則1及び2）。新たな会期の総会が開会すると，一般討論演説が一定期間行われます。2019年には，9月24日

から30日まで開催されました。

　一般討論演説の期間が終了すると，総会の一般委員会が割り振った議題に従って，総会本会議の下の主要委員会である第1委員会から第6委員会が審議を開始します(2)。審議の結果は決議案という形でまとめられ，国連公用語6か国語に翻訳されて公表されますので，各国代表は決議案の内容をどのようなものにするかということを交渉します。第5委員会を除く各委員会は，12月までの間にほぼすべての議題の審議を終えます。第5委員会は，翌年の春（3月ごろ）及び初夏（5月から6月ごろ）にも，割り振られた議題の審議を行います。また，他の委員会も，必要に応じて公式・非公式の審議を行います。各委員会で採択された決議案は，随時本会議に上程され，本会議で採決されたものが総会決議となります。ですので，総会については，9月から12月が最も多く会議を行っている時期ですが，それ以外の期間にも定期的あるいは不定期に会議を行っています。

　総会は，安全保障理事会又は過半数の加盟国からの要請があった

---

(2)　総会の議題について，総会手続規則（Rules of Procedure of the General Assembly）13では以下のように規定しています。
　　「通常会期の仮議事日程には，次のものを掲載するものとする。
　(a)　国際連合の事業に関する事務総長の報告
　(b)　安全保障理事会，経済社会理事会，信託統治理事会，国際司法裁判所，総会の補助機関および各 専門機関（既存の協定に基づいて報告が要求される場合）からの報告
　(c)　前会期において総会が掲載を命じたすべての議題
　(d)　国際連合の他の主要機関が提案したすべての議題
　(e)　国際連合のいずれかの加盟国が提案したすべての議題
　(f)　次の会計年度の予算および前会計年度の決算報告に関するすべての議題
　(g)　事務総長が総会への提案を必要と認めるすべての議題
　(h)　国際連合の加盟国でない国が憲章第35条第2項に基づいて提案したすべての議題」

ときに，15日以内に**特別会期**（Special Session）を招集することができます（規則8及び9）。また，1950年11月3日に採択された総会決議377(A)「平和のための結集決議」は，安全保障理事会のいずれかの9理事国の支持にもとづき要請された場合，あるいは過半数の加盟国から要請された場合に，24時間以内に緊急特別会期（Emergency Special Session）を開催することを決定しています。（規則8及び9）。これまで特別会期は30回，緊急特別総会は10回開催されています（2019年11月現在）。なお，緊急特別会期においては，本会議のみが招集されます（総会手続規則63）。

これまでに招集された総会の緊急特別会期

第1回緊急特別会期 スエズ情勢（1956年11月1日～10日）：安全保障理事会の要請（S/RES/37/21）にもとづき開催

第2回緊急特別会期 ハンガリー情勢（1956年11月4日～10日）：安全保障理事会の要請（A-3280）にもとづき開催

第3回緊急特別会期 レバノン情勢（1958年8月8日～21日）：安全保障理事会の要請（A-3866）にもとづき開催

第4回緊急特別会期 コンゴ民主共和国情勢（1960年9月17日～19日）：安全保障理事会の要請（A-4496）にもとづき開催

第5回緊急特別会期 中東情勢（第3次中東戦争）（1967年6月17日～7月21日及び9月18日）：ソビエト連邦の要請（A-6717）への加盟国過半数の同意にもとづき開催

第6回緊急特別会期 アフガニスタン情勢（1980年1月10日～14日）：安全保障理事会の要請（S/RES/462/1980）にもとづき開催

第7回緊急特別会期 パレスチナ（1980年7月22日～29日，及び1982年4月20から9月24日までに数回）：セネガルの要請（A/ES-7/1，A/37/205-S/14990）への加盟国過半数の同意にもとづき開催

第8回緊急特別会期 ナミビア情勢（1981年9月3日～14日）：ジン

バブエの要請（A/ES-8/1）への加盟国過半数の同意にもとづき開催

第 9 回緊急特別会期 中東情勢（1982 年 1 月 29 日〜2 月 5 日）：安全
　保障理事会の要請（S/RES/500/1982）にもとづき開催

第 10 回緊急特別会期 パレスチナ（1997 年 4 月 24 日，7 月 15 日，11
　月 13 日，その後 1998 年から 2009 年の間に 12 回，断続的に再開）：
　カタールの要請（A/ES-10/1）への加盟国過半数の同意にもとづき
　開催。

（出展：http://research.un.org/en/docs/ga/quick/emergency）

　事務総長は，これらの会議において，事務総長の資格で行動し
（総会手続規則 45），事務局は，会議に必要な文書の受領，翻訳，印
刷，配布，議事録の作成，管理などを行います（総会手続規則 46）。

安全保障理事会

　国連憲章第 28 条は，安全保障理事会が定期会議を開くことを規
定しています。これに加え，安全保障理事会は「継続して任務を行
うことができるように組織する」こととなっており，各理事国は，
国連の所在地であるニューヨークに常に代表をおかなければならな
いとされており，安全保障理事会は基本的には，必要な時に随時会
議を行っています。会合が夜間に緊急に招集されることもしばしば
あります。

　安全保障理事会の会議の頻度や時期は，主に，安全保障理事会が
決議で指示した事項の期限に関連しています。例えば，安全保障理
事会がある平和維持活動（PKO）「A」を設置し，その期限を決議
採択後から 6 か月後とした場合，安全保障理事会は，この活動
「A」が展開する地域の政治状況や活動「A」の活動状況，その他
の関連事情を踏まえて，指示した事項の期限を延長するか，指示し
た事項に変更を加えるか，等について審議し決定しなければなりま

せん。安全保障理事会の下部機関には，PKOだけではなく，制裁に関する委員会やその他の活動がありますので，安全保障理事会はこれらの全てについて自身が決定した期限に従って，審議・交渉を行います。

　安全保障理事会では，近年，公開討論（Open Debate）という形の会議が増えてきています。公開討論は，主に議長国の発議で，あるテーマのもとで行われることが通例です。

経済社会理事会

　経済社会理事会は通常，組織会期を毎年2月の第1火曜日から4月末まで，実質会期（Substantive session）を毎年5月～7月から総会の通常会期の開会日の少なくとも6週間前までの間に，それぞれ開催します（経済社会理事会手続規則1及び2）。また，経済社会理事会にも特別会期を開催する手続きが定められています（規則4）。経済社会理事会は，以前はニューヨークとジュネーブで交互に開催していましたが，2015年以降は，特に別途の決定をしていない限り，人道セグメント以外の会合を，開発に関する国際機関が集まるニューヨークで開催しています。

> ### コラム　総会議場を毎年12月の最後に使うのは？
>
> 　総会議場を1年の最後に使うのは，おおむね総会第5委員会のメンバーです。第5委員会には，他の委員会が同じ会期に決定した事項の執行に関する経費問題も持ち込まれるから，他の全ての委員会の審議終了を待つことになります。結果的に，第5委員会の審議に関する総会本会議への報告と採択は，どの委員会よりも遅くなってしまいます。
>
> 　総会議場では，1年の全ての審議が終了した後，総会議場前方に設置されたモニターパネルに，クリスマスツリーが映し出

されます。これを見られるのは，1年の最後に総会議場を使う委員会ならではの楽しみです。1年間，昼夜を通して苦労をともにしてきた交渉相手達を称えあい，「メリークリスマス！」「よいお年を！」と労わりあうと，総会議場は，年明けまでしばし静かな休息に入ります。

7　拒否権とは何ですか？

> 国連憲章のなかに「拒否権（Veto）」という言葉が規定されているわけではありません。

安全保障理事会の意思決定に関して，国連憲章第27条第2項は，手続的事項（procedural matters）に関する決定は15理事国中，9）理事国の賛成投票により行われると規定していますが，続く第3項では，非手続的事項（実質事項）に関する決定は「常任理事国の同意投票（concurring vote）を含む」9理事国の賛成投票（affirmative vote）によって行われると規定しています。つまり，5の常任理事国の態度が，少なくとも反対票を投じないという意味で一致していなければならないということです。【安全保障理事会の構成と表決に関連する国連憲章の条文の改正についてはここを参照 ☛ Ⅱ5「国連憲章の改正は不可能なのですか？」】

安全保障理事会での決議案の採決は，挙手によって行われます。まず賛成の理事国の挙手が，次に反対の理事国の挙手が求められます。ですから，賛成の理事国が9に至らないか，あるいは反対の理事国のなかに常任理事国が1国でもいれば，決議案は採択に至りません。このことを，**大国一致の原則**といったり，**安全保障理事会常任理事国の拒否権**といったりしています。（ただし，国連憲章は，手続事項の定義をしていません。）

このような仕組みが作られたのは，国際平和と安全の維持のような重要事項において，自ら賛成しなかった決定に従い行動する義務を常任理事国が負担することは期待できず，それを押し切って決定

を強行すれば大戦を引き起こしかねないという実際的考慮から，大国一致が必要であると考えられたためです。

　ただし，この仕組みは，全ての５常任理事国が一致して賛成していれば決議案が採択できるといっているわけではありません。全ての常任理事国が賛成していても，非常任理事国の賛成が４理事国から得られない場合，つまり７の非常任理事国が反対した場合には，決議案は採択できないことになります。【☛もっと知る①常任理事国による拒否権行使の回数】

　拒否権の行使を制限的にするための，憲章上あるいは実行上のいくつかの方法が採られています。例えば，国連憲章第27条第3項の但し書きでは，「第６章及び第52条３に基く決定については，紛争当事国は，投票を棄権しなければならない。」と規定しています（義務的棄権）。これにより，常任理事国自身が関係する紛争については，拒否権の行使によって決議の採択を止めることができないようにされています。常任理事国による自発的な棄権や欠席，投票不参加は，反対票には数えないことが，慣行となっています。【☛もっと知る②自発的な棄権】

　さらに，安全保障理事会が拒否権の行使によって機能しなくなった場合に，安全保障理事会理事国の９票の多数決及び国連加盟国の過半数の同意によって，総会を招集できる手続が，総会決議377A (V)によって規定されました【平和のための結集決議についてはここを参照☛Ⅳ6「国連ではいつ会議をしているのですか？」】。ただし，この手続によって招集された総会が持つ権限は憲章に規定されているもののままであり，安全保障理事会が持つ権限を代替するわけではありません。

　拒否権の問題は，安全保障理事会改革の文脈において重要な要素の１つとして議論されてきています。この問題を，国連憲章を改正するという方法で解決しようとすると，現在の国連憲章第108条が，「総会の構成国の３分の２の多数」，且つ，「安全保障理事会のすべての常任理事国を含む国際連合加盟国の３分の２によって各自の憲法上の手続に従って批准され」ることを必要としているため，簡単ではありません。

┃ もっと知る

①　常任理事国による拒否権行使の回数

　2019年11月現在，拒否権を行使した回数は，中国15回，フランス18回，イギリス32回，アメリカ合衆国83回，ソビエト連邦・ロシア142回となっています。

http://research.un.org/en/docs/sc/quick/veto

②　自発的な棄権

　常任理事国が自発的な棄権（voluntary abstention）を行う際，その棄権という行為が拒否権を意味するものではないという趣旨の明示的な意思表示を，投票の際に説明することが多くあります。このような投票行動は，国連初期の頃から確認され，1946年にソ連がスペイン情勢に関する小委員会の委員任命に関して棄権した際には「反対票を投じたのでは決議が採択できなくなることに鑑みて棄権する」と述べていたり，翌1947年にイギリスがインドネシア情勢に関して棄権した際も「この棄権は拒否権ととらえられてはならない」と述べていたりします（Security Council, Official Records (1st year), no. 2, p. 243, Security Council, Official Records (2nd year), no. 68, 173d Meeting, p. 1711.)）。このような例が積み重ねられた結果，自発的な棄権を反対票と数えないということが慣行となったとされています。

V

国連分担金っていくらなの？

◆ おかねのことについて ◆

1 国連にはどのくらいのお金がかかっているのですか？

国連の予算は大きすぎるの？

　国連事務局を運営するには，国連憲章が国連の主要機関と規定する総会，安全保障理事会，経済社会理事会，信託統治理事会を運営するための経費や，加盟国による決定や指示を実施するための経費，国連の施設を維持管理するための経費などがかかります。そのよう経費のうち，全ての加盟国が分担して支払う形で支弁される経費は，2020年度の予算では30億7323万ドル（約3304億円（2020年4月時点））です。東京オリンピック・パラリンピック大会の開催に必要な経費が1兆3500億円といわれていていましたが，その3分の1以下です。ちなみに，2019年の千葉市の一般会計予算は4,454億円ということです。

　PKOの活動経費もまた，全ての加盟国が分担して支払う形で支弁されるものです。PKOの活動経費は，PKOごとに計上されますそれぞれ独立の予算管理が行われている13件のPKOミッション

についての2018年／2019年予算（2018年7月1日〜2019年6月30日期間の予算）の総額は，約70.19億ドルです（日本円にして約7,592億円）。神戸市の一般会計平成30年予算が7,785億円ですので，13のPKOミッションをそれより小さい規模の予算で賄っていることになります。

　なお，全ての加盟国が分担して支払うのではなく，特定の使途について賛同する国やより広い活動目的に賛同する国が使途を指定せずに自由意思により出すお金（任意拠出金）もあります。このようなお金は「自発的拠出（Voluntary contribution）」「予算外財源（Extrabudgetary resources）」と言われ，国連会計検査委員会の報告によれば，2018年の額は33億2630万ドルでした。

　ちなみに，基金・計画や，国連の関係機関では，その活動に国連事務局よりもたくさんお金が必要なところもあります。国連会計検査委員会の2019年度報告書によると，2018年に実際に使われたお金は，次のようになっています。

国連事務局	28億1527万ドル
PKO	74億2374万ドル
UNDP	5億5543万ドル
UNICEF	62億6793万ドル
UNHCR	42億2625万ドル
UNRWA	9億7511万ドル

　国連事務局の経費全体のうちで，人件費やスタッフの関連経費が占める割合は，2019年の計画予算の支出傾向では約54％前後となっているようです。基金・計画の経費で人件費が占める割合はもう少し小さくなります。これは，単に国連事務局の職員が多いとい

うような話ではなくて，国連事務局と基金・計画の活動内容の違い
によるものです。国連事務局には，加盟国による協議を緊密に支援
し，必要に応じて情報分析を行い，また加盟国による決定や指示を
正確・効果的に整理することが求められています。全ての国連加盟
国が分担して負担する国連事務局の経費は，かなり抑制的に組み立
てられており，国連事務局が直接実施する開発支援のプロジェクト
などは非常に少ないですから，結果として人件費の割合が高くなっ
ています。これに対し，開発支援の具体的なプロジェクトや難民保
護のための活動など，より現場での支援活動を必要とするものは，
基金・計画が実施しているので，活動費（非人件費）の割合が高く
なるのです。

2　国連の予算はどうやって作られているのですか？

> 　国連の予算は，事務総長が提案し，加盟国が審議し，加盟国
> が決定します。

　国連事務局が，国連加盟国によって決定・指示された任務を実施
するための経費を組み立てたものが，国連事務局の予算です。国連
設立当初から現在までに出された，加盟国による決定や指示は，膨
大な数にのぼります。これらを体系立てて効率的に実施するために
整理されたものが，国連事務局の「計画（プログラム）」というもの
で，この経費を組み立てたものを国連「計画予算」とよんでいます
（「通常予算」と呼ばれることもあります）。これは，全ての加盟国が
分担して支払う義務を負う予算です。

　「この機構の予算」のもとになる計画予算案は，事務総長が準備
し，加盟国に提案します。（国連財政規則2.1「各予算の計画予算案は，
事務総長が準備する。」）

　国連加盟国は，計画調整委員会及び総会第5委員会（財政委員
会）でこの計画予算案を審議します。計画案については，経済社会
理事会の下部機関で53か国の政府代表で構成される「計画調整委
員会」が，事務総長の原案についての審議を行い，総会へ勧告を提
出します。計画予算案は，非常に大部にわたるもの，かつ専門的
な検討が必要であることから，総会は，第5委員会に助言を与え
る小さな専門家委員会を設置して，集中的・専門的な検討と総会
への勧告をさせています。これは，「国連行財政問題諮問委員会
（Advisory Committee on Administrative and Budgetary Questions, 略

して ACABQ)」という委員会で，各国から選出された25人の行財政の専門家で構成されています。日本からも連続して委員が選出されています。総会第5委員会は，事務総長の計画予算案を，この国連行財政諮問委員会の助言とあわせて審議をし，必要な修正を行い，最終的に，新予算がはじまる直前の12月末に予算決議を採択することになっています。

写真26　ACABQ のメンバーに対して予算案を説明する事務総長
（ACABQ の審議は完全非公開なので，この写真は貴重です。）
Secretary-General Participates In ACABQ Meeting, UN Photo by Eskinder Debebe, 11 June 2007

「計画予算」は，2019年までは2か年間のものが作成されていましたが，2020年からは1か年間（単年）のものを試験的に実施することとなりました。

写真27　第5委員会の様子（1958年）
Fifth Committee Continues Budget Discussions, UN Photo by MB, 09 October 1958

　平和維持活動（PKO）の経費についての予算も同様に，総会第5委員会が，事務総長の予算案について，国連行財政問題諮問委員会（ACABQ）の勧告とあわせて審議をし，必要な修正を行って予算決議をします。1つの PKO につき1つの予算が策定されるので[1]，予

---

(1)　なお，規模の小さな2つの PKO ミッション（国連インド・パキスタン軍事監視団（UNMOGIP，安保理決議39（1948）にて設置）及び国連休戦

算の数も総額も，そのときに活動している PKO の数によって変動します。PKO の予算期間は，国連計画予算とは半年ずれており，毎年 7 月 1 日から次の年の 6 月 30 日までとなっています。

表3　現在活動中の PKO ミッションとその予算規模（2020 年 1 月時点）

PKO ミッション名	設置決議	(US$) 2019／20年承認額
国連キプロス平和維持隊（UNFICYP）	安保理決議 186（1964）	51,222,700
国連兵力引き離し監視隊（UNDOF）	安保理決議 350（1974）	69,409,400
国連レバノン暫定隊（UNIFIL）	安保理決議 425（1978）	480,102,600
国連西サハラ住民投票監視団（MINURSO）	安保理決議 690（1991）	56,866,400
国連コソボ暫定行政ミッション（UNMIK）	安保理決議 1244（1999）	37,246,700
ダルフール国連・ＡＵ合同ミッション（UNAMID）	安保理決議 1769（2007）	388,198,700
国連コンゴ民主共和国安定化ミッション（MONUSCO）	安保理決議 1925（2010）	1,012,252,800
国連アビエ暫定治安部隊（UNISFA）	安保理決意 1990（2011）	260,177,000
国連南スーダン共和国ミッション（UNMISS）	安保理決議 1996（2011）	1,183,447,300
国連マリ多面的統合安定化ミッション（MINUSMA）	安保理決議 2100（2013）	1,138,457,900
国連中央アフリカ多面的統合安定化ミッション（MINUSCA）	安保理決議 2149（2014）	910,057,500
国連ソマリア支援オフィス（UNSOS）	安保理決議 2245（2015）	564,558,100
国連ハイチ司法安定化ミッション（MINUJUSTH）	安保理決議 2350（2017）	49,122,900
エンテベ地域支援センター（RSCE）		35,386,900
ブリンディシ国連補給基地（UNLB）		63,381,400
サポートアカウント（Support account）		348,868,000
総　　計		6,648,756,300

（国連文書A/C.5/74/15より）

監視機構（UNTSO，安保理決議 50（1948 年）により設置）は，国連の計画予算のなかで手当されています。この 2 つの活動をあわせて，現在展開している PKO ミッションの数は，計 15 になります。

もっと知る

国連総会第5委員会（財政委員会）

国連総会第5委員会は，予算と分担率だけでなく，国連という機構の予算と経費（「この機構の予算」「この機構の経費」）に関わるあらゆる問題を審議します。その中には，PKOの予算や，国連本部施設の改修に必要な予算の問題も含まれますし，それぞれの予

写真28 第5委員会の様子（2006年）
Fifth Committee Meeting, UN Photo by Mark Garten, 28 April 2006

算の執行についての問題や監査，さらにはそのような財政的な問題の審議のしくみやルールの設定や修正も含まれます。

さらに知るには

国連行財政問題諮問委員会（ACABQ）のメンバーを2002年から2007年まで務められた山崎氏が，ACABQの審議や国連予算の課題などについて書かれています。
東京財団政策研究所 地域・比較研究 「国連行財政改革──平和維持活動（PKO）の財政手当及び管理を中心として」（2007年12月7日）山崎純・外務省領事局参事官兼国際協力局参事官（地球規模課題担当）（当時）
https://www.tkfd.or.jp/research/detail.php?id=1816 （最終訪問日時2020年5月1日）

3　分担金と拠出金は違うのですか？

『日本の国連分担率が下がり拠出金が減る』という文章は正しい？

「分担金」と「拠出金」，これらは法的に異なるものです。

「分担金」とは，国際機関の設立規程等により，加盟国の財政的義務を含め規定されているものです。国連分担金の場合，国連憲章第17条第2項（「この機構の経費は，総会によって割り当てられるところに従って，加盟国が負担する」）が法的根拠となります。総会が決定した国連の予算に，総会が決定した「割り当て＝分担率」をかけて算出されるのが，国連分担金です。

国連以外の国際機関においても，その設立規定等によって，加盟国の財政的義務を規定しています。このような義務に従って支払うものを，一般に「分担金」といいます。

混同されやすいのは，「拠出金」の2つの性格，すなわち「**義務的拠出金**」と「**任意拠出金**」の違いでしょう。

義務的拠出金は，条約や設立規程に法的根拠がないものの，締約国会合や総会，執行理事会等の意思決定機関の決定等において，締約国や参加国の当然の責務として拠出が期待されているものであり，裁量的余地はありません。他方，**任意拠出金**は，各国が有益と考える場合に，特定の事業や活動にあてて，あるいは使途を規定せずに行う拠出であり，法的根拠にもとづくものではありません。

4　国連の分担金額はどうやって決まるのですか？

> 各国の国連分担金額は，国連予算額×分担率

　国連「分担金」とは，国連事務局に支払う義務的なお金のことです。「分担金」は，各国が任意の判断によって支払う「拠出金」（「任意拠出金」）とは，その使途もしくみも異なります。

　国連の「分担金」は，国連総会決議で決定した予算（「この機構の予算」）にもとづいて，国連総会決議により決定された算出方法（「分担率」）に従い，全加盟国に請求されるものです。このことを規定しているのが，国連憲章第17条です。

「第17条
　1　総会は，この機構の予算を審議し，承認する。
　2　この機構の経費は，総会によって割り当てられるところに
　　　従って，加盟国が負担する。」

　第17条第1項に規定されている「予算の審議」は，具体的には，総会のもとの予算委員会（第5委員会）が，財政の専門家によって構成される国連行財政問題諮問委員会（ACABQ）の勧告を踏まえて行い，総会決議案の合意に向けて交渉します。【ここを参照☛Ⅴ2「国連の予算はどうやってつくられているのですか？」】

　加盟国ごとの「割り当て」も，総会が決定します。この「割り当て」のことを「分担率」と言っています。第17条第2項に規定されている「総会によって割り当て」るというのは，具体的には，総会第5委員会が，統計や財政の専門家によって構成される分担金委

員会（Committee on Contributions）の勧告を踏まえて，決議を行うということです。分担金委員会は，各国の経済統計などをもとに，総会に対してあり得る次期分担率についての勧告を提出します。総会第5委員会は，3年毎にこの勧告を審議・交渉して，向こう3年間の分担率を決定します。現在採用されている分担率は，2019年〜2021年に関するものです。

　この交渉はいずれも，全ての加盟国に開かれており，決議案の採択は全加盟国によって行われます。つまり，全ての加盟国が，「分担金」の分母となる予算についても，分子となる分担率についても，合意に参加し，その実施に責任を負っているということです。

　分担率の基本的な考慮要素は，各加盟国の「支払い能力（capacity to pay）」です。米ドル建ての国民総所得（GNI）を基礎としつつ，一人あたりGNIが世界平均以下の国等途上国に対する割引を行って決定されています。これに上限（シーリング）及び下限（フロア）の調整が行われます。シーリングは，特定の加盟国に過度に財政的に依存することが適当ではないとの配慮から導入されたしくみです。現在のシーリングは22％[2]で，これが適用されている国はアメリカです。また，加盟国であることに伴い最低限の負担が必要という考慮にもとづき，フロアが導入されており，現在のフロアは0.001％です[3]。さらに，途上国に対しては，対外債務額及び一人当たり国民所得に応じた割引があるほか，LDC（後発開発途上国）について

---

[2]　総会決議55/5（2000）　第一段落(h)。ちなみに，国連設立直後の1946年のアメリカの分担率は39.89％でした。1970年代はじめまでは，アメリカの分担率は30％を超えており，22％に引き下げられたのは2001年の分担率からです。

[3]　同上，第一段落(f)。

は，上限が0.01％とされています（LDCシーリング）。これらの途上国への割引等は，先進国への割増によって調整されます。

2019年－2021年の日本の通常予算分担率は，8.564％です。また，これにもとづき2019年に国連の計画予算について日本が支払う分担金の金額は，約238.8百万ドルとなっています。

表4　主要国の国連予算分担率（通常予算）

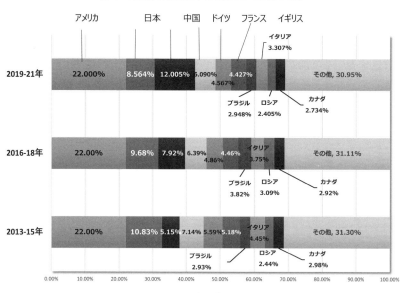

初出：『国連総会の葛藤と創造』（2019年，信山社）

総会が予算額及び分担率を決定し次第，事務局は，各国の分担金額を算出し，請求書を送付します。請求書は通常，翌年の1月初旬に送付されます。国連財政規程は，請求書の受領後30日を支払い期限としていますが，実際には各国の予算制度の違いにより，2月

上旬までに支払いを行うことができる国は多くありません。そのため，この規程の後段では，翌年の１月１日時点での前年度の未払い額を滞納と規定して，請求書受領後31日を過ぎた未払い金であっても請求書発出の同年度内に支払われる限り，滞納の定義から除外しています。

　なお，分担金の支払いを２年以上滞納している加盟国は，国連憲章第19条の規定により投票権を停止されます。

〔参考〕国連憲章
第19条　この機構に対する分担金の支払いを滞納している加盟国は，その滞納の額がその時までの満２年間にその国から支払われるべきであった分担金の額に等しいか，またはこれを超えるときは，総会で投票権を有しない。但し，総会は，支払いの不履行がこのような加盟国にとってやむを得ない事情によると認めるときは，その加盟国に投票を許すことができる。

▌もっと知る

①　PKO分担率

　現在国連で採用している分担率は，通常予算分担率と，PKO予算分担率の２つです。PKO予算については，通常予算分担率を基礎に，途上国について一人当たり所得水準に応じて通常予算分担率より7.5％〜90％を割り引き，その分を安保理常任理事国（米国，中国，フランス，イギリス，ロシア）に割増する「PKO分担率」が採用されています。なお，日本を含む先進国計34か国は，この割増の影響を受けないカテゴリーに属しています。PKO分担率も，基本的には通常予算分担率と同じタイミング（３年に１回）で改訂交渉が行われます。

②　「分担率」を指す英語

　分担率を意味する英語として用いられているのは，「Scale of

assessments（for the apportionment of expenses of the United Nations)」，あるいは単に「scale」と称されますが，この用語は，憲章にも総会決議 14（I ）にも出てきません。「assessment」は，請求あるいは請求書を指します。分担率に従って各国の分担金を算出することを「assess」と表現するので，請求書を発出する際の定規（「scale」）という趣旨でしょう。

5　国連ではお金が足りなくなったらどうするのですか？

> 加盟国の決定として予算をつくっているのに，お金が足りないとはどういう場合？

　国連事務局の活動のためのお金が足りなくなるという状況には，大きく２つの場合が想定されます。１つは，加盟国からの分担金がなかなか支払われないという状況，もう１つは，年の途中で予算措置がされていない新たな任務・活動を実施しなければならない状況です。

　１つめの，加盟国からの分担金がなかなか支払われないという状況が続くと，計画上予定されていた任務や活動を実施するためのお金が間に合わなくなります。国連の予算年度は１月から12月ですが，日本の予算年度は４月から３月ですし，アメリカの予算年度は９月から８月です。このように各国の予算制度が違うため，全ての国が国連の予算年度のはじめの１月や２月の時期に支払いを行うことができるわけではありません。また，経済状況や政治情勢によって，分担金を全額支払うことが難しくなる国もあります。こういった場合を考慮し，国連事務局が一時的なキャッシュフローを確保するためのしくみをつくってはいるのですが，それはあくまでも分担金が支払われたらその分をもとのおサイフに払い戻すことを前提としたしくみですから，分担金の支払い遅延が長く続くと，そのおサイフの中身自体も枯渇し，財政危機を生じます。こうなると，緊急性の低い活動や任務が一時停止されたり，職員の旅費が抑制されたりします。また，加盟国の協議への影響ももちろんあります。文書

翻訳や通訳使用が制限されたり，加盟国の協議を支援する事務局職員の体制や様々な設備の運用が縮小されたり，停止されたりします。この状況を解決する方法は，加盟国に早期支払いを強く求めることしかありません。なお，なお，分担金の支払いを2年以上滞納している加盟国は，国連憲章第19条の規定により投票権を停止されます。

　もう1つの，年の途中で予算措置がされていない新たな任務・活動を実施しなければならないという状況は，国連が変動するニーズに対応していく限り生じるものです。そのため，国連総会がいくつかのしくみを整備しています。その中でも重要なのが，新たなPKOを設置するときです。PKOミッションの受入国の意図や要員派遣の可能性，現地の政治状況などが，PKOの新設タイミングを左右し，そして多くの場合緊急を要します。他方で，新たな予算の承認を得るためには，事務総長が確度の高い予算案を，手続きに従って総会に提案し，ACABQの勧告と加盟国の審議・交渉を経なければなりません。このため，早期展開を可能とするために，臨時的な支出の財源として，平和維持留保基金というものを設置しています。このしくみを使って，一時的な財源手当をするには，国連行財政問題諮問委員会（ACABQ）の同意が必要です。このようにして一時的に支出された経費について，事務総長は後日，手続に従って総会に予算案として提案し，承認を得なければなりません。総会がこの経費を承認し，各国からの分担金が徴収されたら，一時支出した額を，平和維持留保基金に戻すことになります。

6　国連では，分担金を多く払っていると発言力が高まるのですか？

　日本の分担率が下がったから，日本の国連での発言力が低下して，安全保障理事会非常任理事国入りが遠のく，というは，ほんとう？

〔国連における意思決定〕

　国連における意思決定は，決議の採択という形で行われます。採択は，加盟国の投票で行われます。国連総会，安全保障理事会，経済社会理事会，ないしそれらの下部機関など，それぞれの協議体によりメンバーシップは異なりますが，各協議体でメンバー国が有する投票権は，1か国1票です。この中で最も広いメンバーシップを有する国連総会は，全ての加盟国（2019年現在193か国）が等しく1票を有する政府間協議体です。分担金の多寡，分担率の大小によって，投票権が異なるということはありません。ただし，分担金の支払いを2年以上滞納している場合，その加盟国の投票権は停止されます。

〔参考〕国連憲章

第19条　この機構に対する分担金の支払いを滞納している加盟国は，その滞納の額がその時までの満2年間にその国から支払われるべきであった分担金の額に等しいか，またはこれを超えるときは，総会で投票権を有しない。但し，総会は，支払いの不履行がこのような加盟国にとってやむを得ない事情によると認めるときは，その加盟国に投票を許すことができる。

6　国連では，分担金を多く払っていると発言力が高まるのですか？

　この条項は，対象となる国の分担金の多寡にかかわらず適用されます。

〔国連における発言力とは〕
　では，「国連における発言力」とは何を指しているのでしょう。

　国連での交渉とは，各国による提案をもとにして決議案の合意にむけた調整を行う中で，自国が求める要素をいかに盛り込んでいくかというものです。ですから，発言力といっても，荒唐無稽な提案を叫ぶだけで，他の国に受け入れてもらうための調整を行う力がなければ，決議案には全く反映されません。したがって，「発言力」という言葉は，自分が行った提案を，他の国に受け入れてもらうための調整を行う力，つまり「合意形成能力」と言い換えるべきでしょう。合意形成能力は，既存のルールやしくみをきちんと踏まえたうえで論理的に提案のメリットを説明して他国の支持を広げたり，他国の主張をバランスよく反映してより多くの国が支持できる内容へ修正したり，曖昧さを排除してより多くの国が受け入れられる言葉を選んだりという，多国間の交渉においては不可欠の力です。この力は，もっぱら各国代表それぞれの個人の資質に属するものであり，分担金の金額には直接関係ありません。小国であっても優れた合意形成能力を発揮し，国連の交渉において影響力を有している国は少なくありません。

　ただし，分担率上位の国は，代表団の規模が大きい場合が多いという点で有利です。代表団員の数が多く，その全ての代表団員が，様々な委員会でそれぞれ優れた合意形成能力を発揮できれば，結果的にその国の影響力は増すことになるでしょう。

　2019 年より日本の分担率が下がって第 3 位となり，中国と逆転

したことで，「日本の発言力が低下する」といった報道が散見されましたが，分担率と発言力には直接の関係はありません。国連は多国間合意形成の場ですから，合意形成能力を十分に発揮しより多くの加盟国に支持される交渉を行っていくことで，その国の影響力は，分担率の順位を上回ることができるでしょう。

VI

国連は役に立たないと言われている けど，本当にそうなの？
◆ 国連における意思決定について ◆

1　国連は悪い国を懲らしめてくれるのですか？

「悪い国」というのは，どういう国のことでしょう？また，「懲らしめる」というのは，罰を与えることでしょうか。

国連憲章は，第1章「目的及び原則」の第1条で次のように規定しています。

「国際連合の目的は，次のとおりである。

　1　国際の平和及び安全を維持すること。そのために，平和に対する脅威の防止及び除去と侵略行為その他の平和の破壊の鎮圧とのため有効な集団的措置をとること並びに平和を破壊するに至る虞のある国際的の紛争又は事態の調整または解決を平和的手段によって且つ正義及び国際法の原則に従って実現すること。」

また，第2条では，次のように規定しています。

「この機構及びその加盟国は，第1条に掲げる目的を達成するに

当っては，次の原則に従って行動しなければならない。

　　3　すべての加盟国は，その国際紛争を平和的手段によって国際
　　　の平和及び安全並びに正義を危うくしないように解決しなけれ
　　　ばならない。

　　4　すべての加盟国は，その国際関係において，武力による威嚇
　　　又は武力の行使を，いかなる国の領土保全又は政治的独立に対
　　　するものも，また，国際連合の目的と両立しない他のいかなる
　　　方法によるものも慎まなければならない。

　　5　すべての加盟国は，国際連合がこの憲章に従ってとるいかな
　　　る行動についても国際連合にあらゆる援助を与え，且つ，国際
　　　連合の防止行動又は強制行動の対象となっているいかなる国に
　　　対しても援助の供与を慎まなければならない。」

　「悪い国」とはどういう国のことをいうのかは，色々なレベルで
の色々立場によって異なり，唯一の基準というのはないと思いま
す。国連を中心として見る場合には，国連憲章の条文やその目的か
ら考えてみると，国連憲章の規定や目的に反する行為を行う国，と
いうのが，「悪い国」という基準の1つになるのでしょう。ただし，
国連憲章がとりあげているのは，「悪い国」というより，「悪い行
為」や，それによって引き起こされる「事態」です。

　国連は加盟国の政府間の協議体であり，国連事務局は，政府間協
議体の指示に基づいて活動や業務を行う存在です。加盟国の政府間
協議体が具体的に指示をしていない限り，ある国が行った「悪い行
為」について，捜査したり起訴したりということを行う権限を持っ
ているわけではありません。また，そもそも，ある国が行った行為
が「悪い行為」にあたるかどうかについても，国連事務局は単独で
判断することはありません。国連の場で事案として扱うには，まず，

いずれかの加盟国が，「悪い行為」や「事態」，「悪い行為につながりそうな状況」があるよ，と加盟国の政府間協議体に提起するというアクションが必要です。

　そして，「悪い行為につながりそうな状況」や「悪い行為」「事態」に関して，国連加盟国が具体的な措置をとったり，国連事務局が活動を行ったりするためには，加盟国の政府間協議体である安全保障理事会がそのような決定や指示，許可を発することが必要となります。このことを国連憲章の言葉に沿っていうと，次のようになります。

　まず，その「継続が国際の平和及び安全の維持を危うくする虞」のある紛争がある場合，その当事者の国はまず，交渉，審査，仲介，調停，仲裁裁判，司法的解決，地域的機関又は地域的取極の利用その他当事者が選ぶ平和的手段による解決を求める必要があります。また，当事国や関係国は，安全保障理事会に案件を提起して，平和的手段による解決を要請するよう求めることができます（第33条）。安全保障理事会は，いかなる紛争についても，国際的摩擦に導き又は紛争を発生させる虞のあるいかなる事態についても，その紛争または事態の継続が国際の平和及び安全の維持を危うくする虞があるかどうかを決定するために調査し（第34条），適当な調整の手続又は方法を勧告します（第36条）。これは，ある事項に関する解釈の対立や物理的な衝突などが，実際に「平和に対する脅威」「平和の破壊」「侵略行為」など「悪い行為」にあたるような事態に発展する前に，安全保障理事会が，拘束力のある決定を行うことなく事案を扱う，国連憲章第6章に規定されている「紛争の平和的解決」という方法です。

　次に，「悪い行為」にあたるような「平和に対する脅威」「平和の破壊」「侵略行為」が存在すると考えられる場合，関係国はまず，安全保障理事会にその事案を提起します。安全保障理事会はそれを受けて，「平和に対する脅威」「平和の破壊」「侵略行為」の存在を認定することになります。そのうえで，安全保障理事会は，認定した行為に対して何らかの措置をとることを決定し，そしてどのような措置をとるかを決定します（第39条）。

　どのような措置をとるかは，状況によって異なります。国連憲章第7章は，安全保障理事会と加盟国間で締結される特別協定に基づいて組織し軍事的制裁を行うための軍隊である国連軍（United Nations Force：UNF）について規定しています。UNFは，対象となる国を「懲らしめる」という形に近いようなものが想定されていました。しかしながら，そのような国連軍はこれまで一度も編成されたことはありません。冷戦の時代には，「懲らしめる」形の行動は避けられ，むしろ，「悪い行為」や「事態」に至ることを抑止したり予防したりすることに力が注がれていました。冷戦の終了後，世界の各地で紛争が表面化し，その多くが国連安全保障理事会に持ち込まれましたが，UNFを用いることはありませんでした。強制措置（武力行使）を要する場合については，UNFを用いる形ではなく，湾岸多国籍軍やテロとの戦いの際のように複数国の軍隊に授権する形で展開し，また同時に，次のような非軍事的な手段を，状況に応じて採用してきました【ここを参照 ☞「4　PKOと多国籍軍はどう違うのですか？」】。

　安全保障理事会が決定（認定）した行為を行った国に対して，輸出入の制限を課す経済制裁は，非軍事的強制手段のひとつです。安全保障理事会決議が規定する品目についての輸出入制限が加盟国に

よって守られているかを，専門家の委員会が調査し安全保障理事会に報告し，安全保障理事会はこれを踏まえて措置の延長や追加を審議します。安全保障理事会は，決議1718（2006年）で，核兵器・弾道ミサイルの開発とその保有に対して朝鮮民主主義人民共和国への経済制裁を決定しました。その後も安全保障理事会決議によって，禁輸品目が追加されており，2020年現在，最も包括的な輸出入制限措置となっています。

　国連の名のもとに，主権国の同意を得て，その国内に部隊や文民を駐留させることもあります。調停や助言を中心に行う小さな事務所を設置することもありますし，複数の部隊を擁する大規模な活動を展開することもあります。大規模な活動は，「PKO（平和維持活動）」と呼ばれることが多いです。このような措置は，基本的に，展開地域に主権を有する国の同意にもとづいて採られるもので，展開先の国を「懲らしめる」ためではなく，「国際の平和及び安全の維持」を危うくする虞を小さくしたり，紛争の再発を防いだり，紛争を終結させた後の平和の回復を支援したりすることが主要な目的となっています。

　また，大規模な内戦における責任者の処分のために，刑事裁判所を設置したこともあります。安全保障理事会は，決議827（1993年）によって，旧ユーゴスラヴィア国際刑事裁判所を，国連憲章第7章の下での非軍事的措置の一環として，安全保障理事会の補助機関（国連憲章第29条）という形で設置しました。この裁判所は，1991年以後の旧ユーゴスラビア領域内で行われた，民族浄化や集団レイプなどの深刻な国際人道法違反について責任を有する者を訴追・処罰すること，及び旧ユーゴスラビアにおける和解を促進することにより平和再建に貢献することを目的としています。また，ツ

137

チ系住民とフツ系住民との激しい対立に起因するフツ系によるフツ
の集団殺害が行われたルワンダでの内戦についても，安全保障理事
会は決議955（1994年）により，ルワンダ国際刑事裁判所を，同様
な形で設置しました。

　「悪い国」「悪い行為」の基準は1つではなく，「懲らしめる」こ
とが唯一の解決策でもありません。上に挙げたような非軍事的な手
段は，紛争の当事国自身が求めて実施されることもあります。現在
の国連は，「懲らしめる」メカニズムよりも，紛争の当事国，関係
国を含めた加盟国が，中長期的な解決と安定につなげるために，ど
のような措置をとることが必要かを協議し，決定し，実施するメカ
ニズムを発展させてきたのです。

▎もっと知る

①　旧ユーゴスラヴィア国際刑事裁判所

　正式名称は，「1991年以後旧ユーゴスラビアの領域内で行われた国際
人道法に対する重大な違反について責任を有するものの訴追のための国
際裁判所（International Tribunal for the Prosecution of Persons
Responsible for Serious Violations of International Humanitarian
Law Committed in the Territory of the Former Yugoslavia since
1991）」で，「ICTY」と略称されます。2017年に閉廷。

②　ルワンダ国際刑事裁判所

　正式名称は，「1994年1月1日と1994年12月31日の間でルワンダ領
域内で行われた集団殺害及びその他の国際人道法の重大な違反について
責任を有する者ならびに隣接諸国の領域で行われた集団殺害及びその他
のこのような違反に責任を有するルワンダ市民の訴追のための国際刑事
裁判所（The International Criminal Tribunal for the Prosecution of
Persons Responsible for Genocide and Other Serious Violations of
International Humanitarian Law Committed in the Territory of

Rwanda and Rwandan citizens responsible for genocide and other such violations committed in the territory of neighbouring States, between 1 January 1994 and 31 December 1994)」で，「ICTR」と略称されます。2015 年に閉廷。

　なお，2020 年現在，国際刑事裁判所残余メカニズム（International Residual Mechanism for Criminal Tribunals）が，これらの裁判所が閉廷したあとの残余業務をひきつぎ，控訴審や刑の執行などの役割を任っています。

2　PKO とはどういうものですか？

> PKO は，国連憲章が予定した国連軍ではなく，紛争の合意が確認されたあとに展開される活動です。

　PKO は Peacekeeping Operation の略で，「平和維持活動」と和訳されています。安全保障理事会や総会によって設置決定されてきた，加盟国国内の現地に展開する様々な PKO と呼ばれる活動は，国際の平和及び安全の維持に関連する安全保障理事会決議や総会決議の勧告を具体化し，実質的な解決にむけた基盤を提供するための措置として実施されてきたものです。

　PKO は，国連憲章が予定した国連軍とは異なるもので，実は国連憲章には PKO に関する明示の規定はありません。PKO という言葉は，1960 年代に入り，そのような活動が続けて設置されるようになって，頻繁に使われるようになったものです。PKO は憲章第 6 章が定める「紛争の平和的解決手段」として定める「紛争」が生じた後に展開する活動であり，PKO を受入れる国の同意を前提としているという点で第 7 章の強制措置とも異なる，実質的な解決にむけた基盤を提供する手段として作り出した手段であるという意味で「**憲章 6 章半（"Chapter Six and a Half"）の活動**」と呼ばれたりします【☛ もっと知る① 「憲章 6 章半の活動」】。

　まです。冷戦後の PKO は，紛争終結後，紛争当事国・当事者間の合意を踏まえて展開・発展してきました。現在は，安全保障理事会または総会【「平和のための結集決議」についてはここを参照 ☛ Ⅳ 6 「国連ではいつ会議をしているのですか？」】の決議が指示する内容に従って

実施される活動のうち，軍事部門を持ち，国連事務総長が各国から要員を募って国連事務局（平和活動局（以前のPKO局））の活動として**事務総長の指揮**のもとで実施する活動がPKOと称されています。また，これらの活動の経費は，国連事務局の活動経費として，国連加盟国によって支弁されます。また，安全保障理事会決議に基づいて設置され任務を与えられるものは、**安全保障理事会の補助機関**（国連憲章第29条）と位置付けられています。

これに対して，安全保障理事会または総会の決議によって，国連事務局が関与しない形で，複数の加盟国自身の指揮のもとで実施する活動は，多国籍軍【ここを参照 ☞ Ⅵ4「PKOと多国籍軍はどう違うのですか？」】と称されています。

PKOの「O」にあたる英語のOperationには「作戦」という意味もあり，初期のPKOは比較的限定された任務を与えられ，任務遂行次第，あるいは任務が実施できなくなった時点で終了する，数か月から数年間の活動が主流でした。1985年に発表された「ブルー・ヘルメット」というPKOに関する国連の出版物では，監視団（Observer Mission）と平和維持隊（Peace keeping Force）の2つの形態が挙げられており，選挙監視などは監視団に属するものとして扱われていたようです[1]。しかし近年では，これらのいずれにも属さない，また非常に包括的な任務を与えられ，また任務内容が状況の進展とともに変更されて，長期にわたって活動を展開するPKO（統合型ミッション）が増えています。PKOに指示された様々な任務を実施するために，軍事要員（軍事監視員，部隊）だけでなく，警察要員，文民警察，文民要員が配置されます。近年の統合型ミッ

---

(1)　THE BLUE HELMETS A Review of United Nations Peace-keeping, United Nations Department of Public Information (1985), p.3

ションでは, 文民要員に, 紛争後の国家の構築を支援するための様々な専門家が派遣されています。

　現在PKOと称されている活動は, いくつかの異なる性格に分類することができます。

写真29　監視業務中の軍事要員（UNDOF）
UNDOF Military Personnel on Duty, UN Photo by Gernot Maier, 30 January 2006, Golan Heights, Syria

　まず, 兵力の引き離しを監視する活動があります。国連が実施した最初のPKOといわれる国際連合休戦監視機構（UNTSO：United Nations Truce Supervision Organization, 1948年〜）や, 国際連合インド・パキスタン軍事監視団（UNMOGIP United Nations Military Observer Group in India and Pakistan, 1949年〜）などがこれにあたり, 紛争当事者間の合意に基づき, 緩衝地域に非武装の軍事要員で編成する停戦監視団を駐留させて兵力の引き離しを監視し, 紛争当事者間の対話を促進する活動です。

　部隊の駐留をとおして停戦監視を行う活動は, 第1次国連緊急軍（UNEF Ⅰ：First UN Emergency Force, 1956年11月-1967年6月）ではじめて採用されました。1956年10月29日に勃発した第二次中東戦争に関して, 安全保障理事会は, 当事国であった英仏の拒否権行使によって機能不全に陥ったため, 総会が緊急特別総会を開催して, 戦闘の停止の勧告を行いました。また, 緊急総会決議998, 1000, 1001を採択して, 強制措置とは異なり, 各国が提供する

部隊が,国連の統制のもとで,関係国の同意を得て,休戦協定の遵守を確保させるための監視を行う部隊(UNEF I)の設置を承認しました。その任務は,停戦の監視と,英・仏・イスラエルのエジプト領内からの撤退の確認でした。国連の統制のもとの部隊が現地に駐留するという形は,その後のPKOの在り方の基盤となりました。

文民要員による選挙の実施支援と監視は,国際連合ナミビア独立支援グループ(UNTAG:United Nations Transition Assistance Group, 1989年4月-1990年3月)の派遣以降,中米などで多く要請されました。近年では,選挙監視に任務を限定したミッションを派遣することは少なくなり,多機能型や

写真30 国連モザンビーク活動(ONUMOZ)による選挙監視
United Nations Operation in Mozambique (ONUMOZ), UN Photo by Pernaca Sudhakaran, 28 October 1994, Xipamanine, Mozambique

統合型といわれるミッションの和平合意の履行支援任務の一部として,国連開発計画(UNDP)などの基金・計画が行う選挙実施支援を後方支援する形で行われるようになっています。

内戦終結後や紛争を経て独立した国で,新政府樹立までの間,暫定統治を行う活動は,カンボジアではじめて要請され,国際連合カンボジア暫定統治機構(UNTAC:United Nations Transitional Authority in Cambodia, 1992年3月-1993年9月)が設置されました。UNTACは,1991年10月23日にパリで調印されたカンボジア和平協定に基づいて,プノンペンに設置され,国連事務総長の直接指揮のもと,暫定期間中,カンボジアの各統治機構を直接の監督のもとにおき,

写真31　独立移行期の東チモールの様子
Views of East Timor During the Transition to Independence, UN Photo by Eskinder Debebe, 01 March 2000, Dili, East Timor

新政府の樹立を支援しました。このほかに, 国際連合東ティモール暫定行政機構 (United Nations Transitional Administration in East Timor：UNTAET) が, 1999年10月25日から2002年5月20日まで, 東ティモールの独立支援を行い, 国際連合コソボ暫定行政ミッション (United Nations Interim Administration Mission in Kosovo; UNMIK) が, 1999年6月10日に, コソボ紛争後のコソボの暫定統治を行いました。

　(なおコソボは, 2008年2月17日に独立宣言をコソボ議会の満場一致で採択しましたが, UNMIKはその任務と規模を極めて限定的にした形で, 現在も活動を続けています。)

　和平合意の履行監視・支援を任務とする活動では, 和平合意に従って, 旧兵士の武装解除・動員解除・社会復帰 (DDR) や, 軍事・警察部門の再構築, 選挙実施の支援などが行われます。近年では, 紛争終了後に, 復旧, 復興, 国づくりまで

写真32　コートジボワールの大統領選挙後, 国内避難民の安全を確保するUNOCIのモロッコ部隊

UN Contingent Secures Site for Ivorians Displaced by Post-Electoral Fighting, UN Photo by Basile Zoma, 30 March 2011, Duékoué, Côte d'Ivoire"

写真 33　UNOCI の任務の一つである DDR（武装解除・動員解除・再統合）の支援として，武器回収の監視を行う PKO 要員
ONUCI Supervises Collection of Weapons in Côte d'Ivoire, UN Photo by Basile Zoma, 01 February 2012, Abidjan, Côte d'Ivoire

を一貫して支援し持続可能な平和に向けた基盤を整備することが紛争の再発防止に不可欠であるとの観点から，多機能型，あるいは統合型といわれる PKO が設置されるようになっています。このような PKO は，多岐にわたる任務を指示され，また展開地域も，限定された緩衝地帯ではなく 1 つの国全域に広がっていることもあり，大型で長期にわたるものが多くなっています。2019 年 9 月現在要員数で最大の PKO は，国連コンゴ民主共和国安定化ミッション（MONUSCO：United Nations Organization Stabilization Mission in the Democratic Republic of the Congo，2010 年〜）で，2 万人以上の要員が配置されています。なお，安全保障理事会は，決議 2098（2013年）によって，このミッションに，コンゴ民主共和国軍（FARDC）と協力して，武装勢力「3 月 23 日運動」（M23）の無力化の責任を負う「介入旅団」（Force Intervention Brigade）を例外的措置として導入することを決定しています。（その後もこの任務は，安全保障理事会決議で更新されてきました。）

```
    コラム　PKO の略称
```

　PKO の正式名称は長いので，略称で表記されることが多い
です。例えば，国際連合カンボジア暫定統治機構（United
Nations Transitional Authority in Cambodia）は，英語名称のそ
れぞれの冒頭の文字を取って，「UNTAC」という略称がつけ
られています。でも，国連コンゴ民主共和国安定化ミッション
（United Nations Organization Stabilization Mission in the
Democratic Republic of the Congo）では，UNOSMDRC になる
はずでは？なぜ「MONUSCO」となるのでしょう？

　略称標記は，英語が基本となっていることが多いのですが，
展開する地域で使われている言語がフランス語やスペイン語な
どの場合には，それらの言語での略称が使われます。例えば，
国連コンゴ民主共和国安定化ミッションのフランス語表記は，
「Mission de l'Organisation des Nations unies pour la
stabilisation en République démocratique du Congo」ですか
ら，主要な用語の冒頭の文字をとって「MONUSCO」となる
のです。

もっと知る

①　「憲章 6 章半の活動」

　「憲章 6 章半の活動」という描写は，もともとはハマショルド事務総長
が用いたと言われていますが，UNTSO 以降の国連 PKO の活動について
ふりかえって分析した「THE BLUE HELMETS A Review of United
Nations Peace-keeping」という本（1985 年，デクエヤル事務総長の時
期）では，正確には，「『第 6 章と半分』と付けられるべき新たな 1 つの
章（a new Chapter of the Charter - to be numbered "Six and a
Half"）と書かれています（p.3）。なお，この「THE BLUE HELMET」
では，PKO は国連憲章第 40 条（暫定措置）に基づいていると考えられ
ると記述しています（p.7）が，5 年後の版（第 2 版）では，「憲章が国連，

特に安保理に付与した広範な権能（the broad powers）の中に求められるということにほぼコンセンサスが形成されている」と記述しています（THE BLUE HELMETS A Review of United Nations Peace-keeping, United Nations Department of Public Information（1990）, p.5）。

② 総会の権限

　平和維持のための活動を行うという決定を，安全保障理事会だけでなく総会も行うことについて，国際司法裁判所（ICJ = International Court of Justice）は，「安全保障理事会の主要な責任に属する強制措置に係る権限を侵害するものではなく，国際の平和及び安全の維持に関連する勧告を具体化するための措置である，またそのための経費も，安全保障理事会の決議によって行う活動と同様に『この機構の経費』と認められる」と述べました。（「この機構の経費」に関する勧告的意見，I.C.J. Reports 1962, pp.151-181）

■■ さらに知るには

　紛争後の活動では，国連 PKO であるなしにかかわらず，和平合意に従って，紛争中に兵士として戦闘に加わっていた人々の武装解除・動員解除・社会復帰（DDR）を着実に行うことが，社会の復興と紛争の再発防止のために極めて重要です。DDR の現場に携わった方々の本を紹介します。
・『武装解除　紛争屋が見た世界』伊勢崎賢治（2004）講談社
・『職業は武装解除』瀬谷ルミ子（2015）朝日新聞出版

3　PKO はどうやって始まり，どう終わるのですか？

> PKO を展開するには，受け入れ国の同意と紛争関係者の同意（停戦合意）が前提です。また，活動が公平であること，自衛と任務防衛以外の武力を行使しないことが必要です。

　各国の主権の尊重は，国連の基本原則の1つであり，それはPKO を設置する場合にも変わりません。ある国がPKO を要請するに至る背景は，2以上の主権国家間の紛争であったり，1つの国内での政府と非政府主体との紛争であったりし，またPKO を要請する主体は，紛争の当事国である場合も，周辺国や関係国である場合（周辺国や関係国が紛争当事国に対して停戦合意とともにPKO の受け入れを求めるような場合）もあります。このような国は，安全保障理事会に対してPKO を設置するよう検討することを求めますが，いずれの場合にも，まずはPKO を展開しようとする地域に主権を有する国（受け入れ国）の同意があることが，PKO派遣の前提となります。また，紛争後に展開する活動である場合には，紛争当事者間の合意（停戦合意，和平合意）が存在していることも必要です。

写真 34　リベリアの住民に職業訓練を行う UNMIL 要員
UNMIL Contingent Offers Liberians Job Training Programme, UN Photo by Staton Winter, 27 May 2010, Tubmanburg, Liberia""

　安全保障理事会は，当事国及び関係国と協議しつつ，

PKO の派遣が最も適した選択肢であるのかどうかということも含め，紛争の解決のための可能で現実的な選択肢が何であるかを，事務総長の報告もふまえて検討します。他の選択肢とは，例えば地域機関による調停や活動であったり，国連の枠外での多国籍での活動であったりします。そのうえで，PKO の派遣が選択肢として適していると判断した場合，派遣すべき PKO の任務と骨格を議論します。例えば，停戦の監視を行うのはどのような装備を備えたどのような規模の部隊かあるいは軍事監視要員か，和平合意の履行監視はどのようなメカニズムで行うのか，他の国連基金・計画の活動をどのように整理するかといったことについて，事前調査団の報告を踏まえたりしながら検討していきます。検討の結果は，安全保障理事会決議という形でメンバー国による投票を経て採択されます。また，これに並行して，財政的手当や，部隊・要員派遣の調整が行われます。財政的手当については，国連総会の第 5 委員会において，派遣と活動に要する経費の精査が行われます。また国連事務局平和活動局は，各国に対し部隊や要員の派遣を要請し，派遣が可能な国との間で派遣時期や規模などの調整が行われます。政治的な合意と任務の決定，財政的手当，要員派遣の取り決めが揃ってようやく，PKO の派遣の準備が整うことになります。

　PKO が活動を行うにあたっては，当事者の合意のほかに重要な原則が 2 つあります。公平性（Impartiality）と，自衛と任務防衛以外の武力不行使（Non-use of force）です。公平性は，中立性（Neutrality）を意味するものではありません。国連憲章やその他の国際的規範に従って，当事者による行為を偏りなく適正に扱うことです。任務防衛とは，PKO が安全保障理事会から指示された任務を果たすことを阻止しようとする行為に対して抵抗することを指し，

自衛という概念に含まれると理解されています。PKOの部隊や警察要員が，行使できる武力の限界は，交戦規則（ROE）や武力行使指令（DUF）において明記されます。

　PKOがその活動を終了するのは，任務が完了した結果であることが理想です。しかし実際には，次のような様々な理由によって，PKOの活動が終了します。

　　・当事国の同意が撤回されたとき，あるいは当事国より終了を求められたとき
　　・設置の際の様々な前提条件がなくなったり，状況が大きく変化し，PKOの意義が失われたりしたとき
　　・状況の変化を踏まえ，新たなPKOが設置されるとき

　例えば，1988年に設置された国連イラン＝イラク軍事監視団（United Nations Iran-Iraq Military Observer Group：UNIIMOG）は，クウェートからのイラク軍の撤退監視を任務にしていましたが，アメリカ（有志連合）によるイラク攻撃が開始されたため，任務継続が不可能になったとして1991年に活動を終了しました。

　1997年に設置された国連アンゴラ監視ミッション（United Nations Observer Mission in Angola：MONUA）は，ルサカ合意の履行の監視を任務にしていましたが，内戦の激化により，安全保障理事会の決議で任務期間

写真35　国連リベリアミッション（UNMIL）の最後の部隊がリベリアを撤収する様子
Last UNMIL Peacekeepers Withdraws from Liberia, UN Photo by Albert González Farran, 16 March 2018, Monrovia, Liberia

が延長されず，その結果活動終了となりました。

　2005 年に設置された国連スーダンミッション（United Nations Mission in Sudan：UNMIS）は，包括的和平合意の履行監視や人道援助の支援などを任務にしていましたが，スーダン政府の撤退要請を受け，2011 年に活動を終了しました。

▋さらに知るには

　2000 年から 8 年にわたり国連事務局の平和維持活動局（PKO 局）の責任者を務めたゲーノ氏が，国連が関与した 12 の事態について書いています。
・『避けられたかもしれない戦争　21 世紀の戦争と平和』ジャン＝マリー・ゲーノ（著）庭田よう子（訳）（2018 年）東洋経済新報社
・『国連平和構築 紛争のない世界を築くために何が必要か』長谷川祐弘（2018）日本評論社

4　PKO と多国籍軍はどう違うのですか？

> 多国籍軍と国連決議とはどう関係するの？

「多国籍軍」（Multinational Force）という言葉は，そのままの意味で理解すれば，複数の国の軍隊からなる軍ということになりますが，実際には，「安全保障理事会の決議に基づいて構成される複数国の軍隊による活動」という意味で使われることが少なくありません。このような「多国籍軍」は，国連憲章第7章（及び第8章）に言及した安全保障理事会決議で，強制措置（武力行使）を「授権」される形で実施されます。この点が，紛争当事国・当事者の合意に基づき実施する PKO とはまず異なります。

　安全保障理事会決議のもとで加盟国による多国籍軍が最初に編成された例として言及されるのは，イラクによるクウェート侵攻に際して編成された「湾岸多国籍軍」です。これは，安全保障理事会決議665（1990年）に基づく海上阻止行動（禁輸執行措置）と，安全保障理事会決議678（1991年）に基づく軍事行動を指しており，・海上阻止行動にはアメリカ等12か国が，軍事行動にはアメリカ、イギリス、フランス、サウジアラビアなど29か国が参加しました。このような「多国籍軍」は，基本的に多国籍軍への参加国自身が指揮命令を行うものですので，構造の点でも，国連事務総長及び国連事務総長に委任された事務総長特別代表が指揮命令を行う PKO とは異なります。

　したがって，「多国籍軍」は，国連の活動ではありません。そのため，財政面では，「多国籍軍」は各参加国が自身の軍の財政負担

を負うものであり，「この機構の経費」として加盟国からの分担金によって賄う PKO とは異なります。

　安全保障理事会決議で強制措置を授権されてさえいれば，多国籍軍が拡大的な作戦を行えてしまうわけではありません。安全保障理事会決議は，授権の期間を限定したり，取り得る措置の範囲を明記し，さらに，定期的に安全保障理事会に報告を行うことを義務付けたりすることにより，授権内容のコントロールを行っています。

　紛争の性質や状況によっては，「多国籍軍」が国連 PKO に先行する活動として展開したり，「多国籍軍」と国連 PKO との展開地域が重なる中で役割を分担したりする場合もあります。

もっと知る

有志連合

　「多国籍軍」と同様，しばしば耳にする言葉ですが，関連国が共同して活動を行い，必ずしも国連決議を根拠としていない場合によく用いられる言葉です。近年の例では，2014 年 8 月にイラクで勢力を拡大していた ISIL に対してアメリカ等の軍が空爆を行った事例（日本では「有志国連合」と称されていました）があります。また，東ティモール国際軍（INTERFET。1999 年 8 月から 2000 年 2 月までの間，国連東ティモール暫定行政機構（UNTAET）が設置されるまで活動）も，有志連合にあたります。

5　国連を脱退することはできるのでしょうか？

「国連機関を脱退する」といっても，国連の委員会の委員国を辞めるということ，国連の専門機関から脱退すること，そして国連を脱退すること，それぞれ意味としくみが違います。

国連憲章は，脱退をどう規定している？

　国連をはじめとする政府間国際機関は，既に加盟国が加入する際に合意した国際的義務の履行を確認するだけではなく，新たな国際的な基準作成に関する交渉と意思決定を行う場所でもあります。また，そのような交渉と意思決定のための集まりの運営の仕方についても協議・決定し，新たな合意事項の実施のための法的・財政的・政治的責任を負わせる枠組みでもあります。

　加盟国がそのような機関から脱退する，つまり<u>自発的に</u>メンバーシップを放棄するということは，このような一連の参加と責任から離脱するという意図を意味します。（厳密にいえば，脱退によって，その国が国際機関の枠組みで負っていた全ての責任から当然に，ただちに離脱できるわけではありません。）

　「国連」という言葉を使う際には，その指している主体を整理して，正確な名称を用いることが重要ですが，ここでも，「国連機関を脱退する」ことが意味する内容について，整理しながら考えていこうと思います。

〔問題の整理〕

　「国連機関を脱退する」というときには，次のような場合が考えられます。

154

① 　国連の総会の下部機関や，安全保障理事会や経済社会理事会
　及びその下部機関などで，構成国が選挙で選ばれる意思決定機
　関（例えば人権理事会）から退くことを指す場合
② 　国連（the United Nations）から脱退することを指す場合
③ 　国連の専門機関（例えば国連教育科学文化機関（UNESCO））
　から脱退することを指す場合
【「国連の専門機関」については，ここを参照 ☞ Ⅳ２「『国連』ということ
ばを冠する機関が色々ありますが，これらは全て国連主要機関の指示を受
けて，国連事務局が管理しているのですか？」】

①～③いずれの場合も「脱退」という言葉で表現していますが，
それぞれ意味としくみが異なります。脱退という行為は，加入して
いたことを前提としていますから，①②③それぞれのメンバーシッ
プのあり方の違いに関係します。
　①のような機関のメンバーシップの根拠は，国連総会や国連経済
社会理事会などの決議です。
　これらは，各意思決定機関（委員会）で全加盟国を代表して意思
決定に参画する国（メンバーシップ）の上限数（議席数）と選出方法，
及び任期を定めており，脱退はその議席の放棄とみなされます。あ
る国の脱退によって生じる任期の残り期間中の空席は，補欠選挙等
によって埋められます。
　②や③の根拠は，それぞれの協定や憲章など各国政府が署名・加
入する設立文書です。
　国連は，国連憲章，UNESCO は UNESCO 憲章，国際労働機関
（ILO）は，ILO 憲章が，設立文書です。これらに，脱退についての
規定が設けられていれば，それに従って，その国自身のメンバー
シップを終了することができます。

それぞれの場合について，もう少し詳しく見ていきます。

〔①　国連の総会の下部機関や，安全保障理事会や経済社会理事
　会及びその下部機関などで，構成国が選挙で選ばれる意思決定
　機関（例えば人権理事会）から退くことを指す場合〕

　これらの意思決定機関を設置する決議では，メンバーシップの上
限数や選出方法，任期を規定しています。委員会によっては，地域
グループ毎の上限数を規定しているものもありますが，基本的に国
連加盟国であればどの国も立候補することができます。立候補した
国の数が決められた議席の数より多ければ，選挙によりメンバー
シップを決定することになります。このような意思決定機関は，人
権，社会開発，麻薬統制など様々な分野にわたっており，メンバー
国は，それぞれの分野における意思決定に参画します。ただし，こ
のような意思決定機関はあくまで国連の下部機関であり，メンバー
シップを得ることにより，その加盟国の財政的義務が変動すること
はありません。

　このような個別の下部機関（委員会）から脱退しても，国連加盟
国であることは変わりません。ですから，このような下部機関から
脱退するという意味は，上位の意思決定機関である総会（国連全加
盟国が議席を有する）での意思決定に参画する権利を維持しつつ，
特定の分野における意思決定に参画する権利（メンバーシップ）を
放棄するということになります。アメリカは 2018 年 6 月に，「人権
侵害国」が理事国に名を連ねていることに加え，パレスチナ問題の
扱いに反発して，もはや所与の目的を果たしていないとして人権理
事会からの脱退を表明しました[2]が，アメリカの国連への加盟につ

---

(2)　Remarks on the UN Human Rights Council, Mike Pompeo, Secretary
　　of State, Nikki Haley, U.S. Permanent Representative to the United

いて何も変更は行われていません。これらの意思決定機関（委員会）は，総会や経済社会理事会の下部機関ですから，総会や経済社会理事会に報告し，必要な承認を得なければなりません。特に財政的な措置を必要とする場合には，総会の承認が不可欠です。下部機関での意思決定の際に反対票を投じた国は，上位機関でも同様の投票行動を行うことがしばしばありますし，下部機関の意思決定に関与していなかった国に，上位機関での意思決定の際にその投票行動を拘束する手続的根拠はありません。ですから，こういった機関に，ある国が一旦立候補により加入した上で脱退する場合には，単に立候補しないという場合とは異なる意図，つまり，下部機関での意思決定に参画からの離脱だけでなく，上位の機関での意思決定の際に，その下部機関の意思決定の結果を承認するかどうかについての自由な立場を確保することを念頭においている可能性があります。（実際に，アメリカの高官は後日，国連計画予算の中の人権理事会及び人権高等弁務官事務所の予算相当分を，支払う分担金から削減すると述べました[3]。）

〔②　国連（the United Nations）から脱退することを指す場合〕

国連憲章には，脱退に関する規定がありません。それは，どういう意味を持つのでしょうか。

国連憲章も専門機関の設立文書も，各国政府が署名・加入する「条約」ですが，こういった「条約」に関する国際法上の規則を統

Nations, Washington DC June 19 2018, Note to Correspondents on the withdrawal of the United States of America from the Human Rights Council, 19 June 2018.

[3]　Associated Press, Bolton Presses Russia About Meddling in U.S. Election Process, POLITICO（Aug. 23, 2018）, https://www.politico.com/story/2018/08/23/john-bolton-russia-meeting-election-meddling-794339.

一した，「条約法に関するウィーン条約」（1969 年）【☛もっと知る
条約法に関するウィーン条約】というものがあります。この条約では，
脱退に関する規定を含まない条約からの脱退について，「(a)当事国
が脱退の可能性を許容する意図を有していたと認められる場合，
(b) 条約の性質上脱退の権利があると考えられる場合」以外には，
脱退することができないと規定しています。

　国連憲章を起草したサンフランシスコ会議で，起草委員会の代表
たちは，国際的平和および安全を維持する責任を撤回し他の加盟国
に委ねるざるを得ない例外的状況がある場合等いくつかの場合に脱
退が許容されるという解釈宣言を採択しました。しかし，主要国の
脱退により機能停止に陥った国際連盟の失敗を教訓に，脱退の明文
化は脱退を奨励し国連機構の弱体化を招来するおそれがあるところ
から，委員会は，「国連からの脱退（withdrawal）について，許容
であれ禁止であれ，明示の規定を置くべきでない」と結論しまし
た[4]。その結果，国連憲章には脱退について，手続きも含め何らの
規定も置かれていません。

〔③　国連の専門機関（例えば国連教育科学文化機関（UNESCO））
　　から脱退することを指す場合〕

　国連の専門機関の設立文書，例えば，UNESCO 憲章は，その第
2 条第 6 項で，「機関の加盟国又は準加盟国は，事務局長にあてた
通告により機関から脱退することができる。この通告は，それが行
われた年の翌年の 12 月 31 日に効力を生ずる。このような脱退は，
それが効力を生じた日に機関に対して負っている財政上の義務に影

---

(4)　DOCUMENTS of the UNITED NATIONS CONFERENCE ON
　　INTERNATIONAL ORGANIZATION SAN FRANCISCO, 1945 Volume
　　VI, COMMISSION I, GENERAL PROVISIONS, p.249.

響を及ぼすものではない。（以下略）」と規定しています。また ILO
憲章第 1 条第 5 項は，「国際労働機関の加盟国は，脱退する意思を
国際労働事務局長に通告しなければ，この機関から脱退することが
できない。この通告は，事務局長が受領した日の後 2 年で効力を生
ずる。但し，この時にその加盟国が加盟国としての地位から生ずる
すべての財政的義務を果していることを条件とする。この脱退は，
加盟国がいずれかの国際労働条約を批准しているときは，その条約
で定めた期間中は，その条約から生じ又はその条約に関係するすべ
ての義務の継続的効力に影響を及ぼさない。」と，脱退とその条件
について規定しています。

　アメリカは，こういった専門機関を含め，国際的な枠組みからの
脱退をこれまで何度か表明しています。UNESCO については，そ
の政治的姿勢や浪費を批判し，1984 年に脱退しました。その後
2003 年に再加盟しましたが，2017 年にも UNESCO の姿勢が反イ
スラエル的であると批判して脱退を通告し，2018 年末をもって脱
退（2019 年以降はオブザーバーとして参加）しました。また，ILO に
ついても，ソ連・東欧（当時）諸国の代表性や政治化を批判して
1977 年に脱退しました（その後 1980 年に再加盟）。国連工業開発機
関（UNIDO）からは 1996 年に脱退しました。
　イギリスもアメリカと同時期の 1985 年に，UNESCO の実効性に
疑義を唱えて脱退したことがあります（1997 年に再加盟）。

┃ もっと知る

条約法に関するウィーン条約
　条約は国家間の取り決めのことです。条約に関する一般的な原則や規
則は，明文化されているものもあれば，慣習法として維持されてきたも
のもありました。こういった条約に関する国際法上の規則を，国連の国

際法委員会が，法典化して統一したものが「条約法に関するウィーン条約」です。1969年5月に署名，1980年1月に発効しました。前文と全85の条項からなります。

第1部 序（第1条～第5条）

第2部 条約の締結及び効力発生（第6条～第25条）

第3部 条約の遵守，適用及び解釈（第26条～第38条）

第4部 条約の改正及び修正（第39条～第41条）

第5部 条約の向こう，終了及び運用停止（第42条～第72条）

第6部 雑則（第73条～第75条）

第7部 寄託者，通告，訂正及び登録（第76条～第85条）

脱退以外で，ある国が加盟国でなくなる場合とは？

では，一度国連に加盟した国は，そのまま全て今も残っているのかというと，そうではありません。1945年の設立からこれまでに，いくつかの国が国連加盟国の一覧から消えました。

〔加盟国が存在しなくなる場合〕

国のかたちそのものが変わってしまうことにより，以前の加盟国と実質的に同じ国が存在しなくなり，結果としてある加盟国がなくなることがあります。例えば，ある国が2以上の国に分離されたり統合されたりして以前の状態と同一の国が事実上存在しなくなった場合です。このような場合，以前の加盟国Aから分離した国B1，B2，B3のいずれも，国Aを承継することなく新規加盟国として承認されることになれば，国Aは実質的に国連加盟国としての存在を失うことになります。他方で，例えば国が2つ以上に分離した場合でも，そのうちの1つの国が引き続き以前の加盟国Aの地位を維持することが認められる場合（すなわち，加盟国Aが，加盟国A

と新規独立国Bに分離すると整理されるような場合）には，このような状態は生じません。

　チェコスロバキアは，国連設立当初からの加盟国でしたが，1993年1月1日に，連邦解消法に基づいてチェコ共和国とスロバキア共和国に分離し，それぞれが国連に新規に加盟国として承認されました。その結果，チェコスロバキアという加盟国はなくなりました。

　ドイツ民主共和国とドイツ連邦共和国はいずれも1973年に国連加盟国となりましたが，1990年にドイツ民主共和国がドイツ連邦共和国に統合され，1つの主権国家となったため，ドイツ民主共和国という加盟国はなくなりました。

　また，ユーゴスラヴィアは，1945年の原加盟国51か国のうちの1か国でしたが，内戦を経て5つの国（ボスニア・ヘルツェゴビナ，クロアチア共和国，スロベニア共和国，マケドニア・旧ユーゴスラビア共和国とユーゴスラヴィア連邦共和国）に解体され，それぞれが新たに加盟国として承認されました。この結果，原加盟国のユーゴスラヴィアと同一の国は加盟国としてはなくなりました。ユーゴスラヴィア連邦共和国は，2003年にセルビア・モンテネグロに国名変更し，さらに2006年にこれを引き継ぐセルビア共和国と，新たな加盟国のモンテネグロ共和国に分かれました。なお，マケドニア・旧ユーゴスラビア共和国の名称については，自国内にマケドニアの地名を有するギリシャ等との間で論争が続いていたため暫定的な名称としていましたが，2019年2月に「北マケドニア共和国」とすることが正式に決定され，国連における名称もこれに従って変更されました。

　〔除　名〕

　国連憲章は，「除名」の手続きを規定しています。具体的には，

平和と安全を脅かすとみなされ安全保障理事会の一定の措置の対象となった加盟国に対して，加盟国としての権利及び特権の行使を停止する決定を行う手続き（国連憲章第5条），また，国連憲章の原則に執拗に違反した場合，そのような国を除名する手続き（国連憲章第6条）です。これらの条項は，当事国の意思に基づく加盟国の地位の離脱ではなく，いずれも他の加盟国の発議により安全保障理事会及び総会が，当事国に加盟国の地位の離脱を決定するというものです。

　これまで，加盟国の演説の中で国連憲章第6条が言及されたり，総会決議等の中で，国連憲章第6条に関連する事項であるとして，アパルトヘイト政策を行っていた時代の南アフリカ共和国やイスラエルなどが言及された例はありますが，国連憲章第6条を発動して加盟国を除名した例はこれまでありません。

▌もっと知る

　国連の HP では，国連加盟国の推移を年代ごとに整理しています（英語）。

　https://www.un.org/en/sections/member-states/growth-united-nations-membership-1945-present/index.html

▌▌さらに知るには

　ユーゴスラヴィアの内戦と各共和国の経緯や国連の関与について，書かれた本には，次のようなものがあります。
『終わらぬ「民族浄化」セルビア・モンテネグロ』木村元彦（2005）集英社新書
『「独裁者」との交渉術──ボスニア　カンボジア　スリランカ国連和平調停の舞台裏』明石康，木村元彦（2010）集英社新書

> 脱退の規定がない機関から脱退できるのですか？

　国連憲章に脱退の規定がないのと同様に，③の専門機関の中にも，その設立文書が脱退規定も持たないものもあります。規定がなくても，一方的に脱退通告をして関与を断ってしまえば，実質的に脱退になるのではないか？という疑問もあるでしょう。過去に，脱退の規定がない機関に対して脱退通告を行った例がないわけではありません。ここでは，いくつかの具体例を見ていきたいと思います。ただし，外交政策や国際関係がたえず変化していく中で，過去の例をそのまま将来にもあてはめられるべきかどうかは疑問です。脱退表明の理由や時期，国際的な状況，類似の問題を扱う他の国際機関の有無などによって，脱退通告がどのように扱われるかは変わっていくのではないでしょうか。

　1965年1月，インドネシアは，「新植民地主義国」であるマレーシアが安全保障理事会の議席を得たことに反発し，国連から脱退する旨を事務総長宛て書簡にて通告しました。これに対して事務総長は，通告を遺憾としつつ，書簡を国連文書として安全保障理事会及び総会に提出し，また全ての加盟国にも回章したと返信しました。しかし，インドネシアの脱退通告について，安全保障理事会も総会も，何らの審議を行うこともありませんでした。翌年の1966年9月に，インドネシアは，新たに事務総長宛て書簡をもって，インドネシアの国連への「協力再開」を通告し，その結果インドネシアは加盟国として復帰しました。インドネシア自身が，この行為を「協力の再開」であると述べ，総会もこの問題を「インドネシアによる国連への協力の停止と再開」として扱ったため，「脱退」について

の一方的な通告の効果を示す前例とはなっていません[5]。

　専門機関の例でみると，WHO憲章に脱退の規定はありません。ただし，憲章の検討を行った1946年の国際保健会議では，「憲章に，ある国が同意しておらず受け入れることもできない改正がなされることにより，その国の権利や義務が大幅に変更されるような場合には，機関へ留まることを拘束されない」という内容の宣言的ステートメントを承認しています。またアメリカは，通告から1年後に脱退する権利を留保するという宣言を行っています[6]。

　1950年前後に，ソ連をはじめ，アルバニアやベラルーシ，ウクライナ，ブルガリア，ハンガリーなど東欧諸国が，WHOの運営が西欧に偏っているとして，WHOに脱退を通告しました。しかし，WHOは，これらの国からの脱退通告を受理せず，「休止中の加盟国（inactive members）」という位置づけでこれらの国を加盟国一覧に留め，また分担金を課しました。その後，これらの国はWHOに「再加盟」しましたが，その際も「休止中の加盟国」から「活動中の加盟国」への変更として扱われました[7]。

　国連の場合，専門機関の場合のいずれも，脱退の規定がない機関

---

(5)　UNITED NATIONS JURIDICAL YEARBOOK, Selected legal opinions of the Secretariats of the United Nations and related inter-governmental organizations 1966, A. Legal opinions of the Office of Legal Affairs of the United Nations "1. RESUMED PARTICIPATION OF INDONESIA IN THE ACTIVITIES OF THE UNITED NATIONS Aide-memoire to the Secretary-General".

(6)　Official Record of the World Health Organization No. 2 Summary Report on Proceedings minutes and Final Acts of the International Health Conference Held in New York from 18 June to 22 July 1946.

(7)　EB13/58 World Health Organization, Executive Board, Thirteenth session, Collections of Contributions and advances to the Working Capital Fund (8 January 1958).

への一方的な脱退通告が，有効に受理された例はないようです。ただ，その意味あいは，全く同じだとはいえません。例えば，上の例を見ると，WHO に脱退通告を行った国の数は 10 にも上るのに対し，国連に脱退通告を行った国の数はこれまで 1 しかありません。脱退規定を設けている機関の場合の例では，ILO に対してこれまで脱退を通告したことがある国は日本も含め 20 近くあり，第二次世界大戦後についても 8 の国が脱退通告をしています（この中にはインドネシアもあります）。WHO に脱退通告を行った国が再加盟通告を行うまでの期間は約 6〜7 年で，ILO に脱退通告を行った国についても，その全てが数年から 10 数年のうちに，脱退通告を撤回するか，再加盟しています。これに対して，国連に脱退通告を行ったインドネシアは 2 年経たないうちに協力の再開を通報しています。

　国際機関からの脱退や脱退通告は，国内事情や財政上の理由，政治目標や外交政策など様々な理由で行われています。脱退規定をおいていない機関から脱退しようとする場合には，より強い動機を伴うと考えてよいでしょう。それでも，機能分野的に限定されている専門機関などからの脱退は，ややハードルが低くとらえられていると見受けられるのに対し，国連からの脱退通告という手段を用いることは，より慎重に扱われているといえるでしょう。

　国連からの脱退が慎重に扱われる理由は，現在の国連のメンバーシップの普遍性や，他に類似の機関が存在していないこと，国連憲章の国際法上の意味など，複合的なものだと思います。その中でも，「一旦出たら，戻ることが非常に難しくなる可能性がある」というのが，理由として大きいのではないでしょうか。国連憲章は，国際の平和と安全の維持や紛争の平和的解決を国連の目的として掲げるとともに，そのメンバーシップを，国連憲章下の義務を履行する能

力と意思があると認められる全ての**平和愛好国**に開いています【ここを参照 ☛ Ⅱ 1　国連のメンバーシップってどういうことですか？】。そうすると，国連を脱退する，ということは，国連における意思決定への参画を放棄するだけでなく，**国連憲章の目的**や，**紛争の平和的解決**などの加盟国の義務を放棄することまでを含むとみなされる可能性があります。その国の存在自体が，国際平和に対する脅威と受け止められ得，一旦そのように認識されると，すでに脱退によって意思決定への関与が断たれた国には，再び**平和愛好国**としての地位を取り戻すことは極めて難しくなります。

　専門機関や機能的分野が限定された他の国際機関からの脱退行為が，再加盟への直接の障害となるわけではないのに対して，国連の場合は，一方的に脱退を通告して，交渉の場から離脱し，財政的責任も放棄するという形で「脱退」することができたとしても，脱退という行為自体が国連の目的と反するとみなされる可能性があります。また，様々な分野に密接に関連する国際ルールの多くが国連の場で形成されている現在，そのような基準設定のプロセスから排除されるということは，極めて大きな不利益となります。国際の平和と安全を含めた国際的な問題を包括的に扱う役割を担っている政府間の意思決定の枠組みで，これほど普遍的なメンバーシップを得ているものは，現時点では，国連に限られています。国連に代わる枠組みは予定されていない状況では，国連への再加盟の可能性が閉ざされることは，国際社会から断絶されることに近く，国連からの脱退という手段を用いるには，非常に大きなリスクを負うことを覚悟しなければなりません。これが，国連からの脱退を叫ぶ声はあっても，実際に脱退に持ち込まれた実行がほぼない理由ではないでしょうか。

　1946年の世界保健会議で，WHO憲章に関して，アメリカが行った宣言的ステートメントでは，①アメリカは，1年前の通告をもって，WHOから脱退する権利を留保する（通告してから実際に脱退が成立するのは1年後），②通告のあった年の末までの財政的義務は負う（義務的拠出金は支払う），という2つの条件が付されていました。

　2020年5月18日付の書簡で，トランプ大統領はWHOのテドロス事務局長に対し，「30日以内にWHOが実質的な大きな改善を行わなければ，4月14日に一時的に保留した拠出金の支払いを恒久的に停止し，WHOのメンバーシップについて見直す，と述べました。この書簡が述べている内容は，1946年の宣言的ステートメントとは，脱退と支払いの時期の点で異なります。1946年の宣言的ステートメントが，よりメンバーシップの終了に重きをおいているのに対し，5月18日付け書簡は，支払いの停止に重きをおいているようです。WHO憲章第7条での，財政的義務を全うできない国の投票権の制限は，一般的な内容となっていますから，アメリカが「脱退表明」をしたとしても，1年以内は「未払いのある加盟国」として扱われる可能性があります。

　ちなみに，アメリカのWHOへの支払いは，2018-2019年度予算では，義務的拠出23.7億ドル，任意拠出65.6億ドルの計89.3億ドルでそれぞれ第1位，WHO予算の15％を占めていました。

6 国連改革とはどういうことですか？

> 国連改革って，安全保障理事会の非常任理事国の拡大のこと
> じゃないの？

　日本では，国連改革ということばが，安全保障理事会の理事国数
をどの程度増加させるかや，いわゆる拒否権をどのように扱うかと
いう，安全保障理事会の改革と同じように使われることが多いです。
もちろん，これも重要な国連改革の1つです。でも，ニューヨーク
やジュネーブの国連の現場では，国連改革とは，国連という集まり
が存在し続けるために不可欠な，より広い見直しと補強のことを意
味しています。

　国連が設立されて2020年で75年になります。その間に，新たに
国が独立してできたり，連邦国家が解体されたり，世界の政治情勢
は大きく変わってきました。国連の加盟国は2020年4月現在193
か国で，これは1945年に設立された当初の51か国の4倍近くにも
なります。また経済情勢も常に変化しており，国連という世界で最
大の加盟国を有する集まりに期待されるものは，常に変わり続けて
います。紛争の解決や開発課題，環境問題など，常に変わり続ける
課題にどのように対応できるのか，また対応していくべきかという
ことを，見直し，議論・検証し，新たなしくみを実施していくプロ
セスを表現したのが，国連改革ということばだといえます。

　『国連という機構（Organization）は，加盟国政府が平和の確立と
維持のための努力を支えるために作った道具であって，それ自体が
目的ではない。国連憲章の目的を追求するために事務局が最も適切

168

かつ建設的に果たしうる役割を，関連する機関との協議を通じて，再評価し続けることが重要である。』

　これは，第2代目の事務総長であったハマショルド氏が，1954年に発出した国連の年次報告[8]の導入部において述べたことです。国連設立から10年もたたないうちにハマショルド事務総長が指摘したことは，現在にも変わりなく，ますますあてはまります。

　この本でも繰り返し述べたように，国連という集まりにおいて，決定や指示を行っているのは加盟国であり，またその決定や指示を実施しているのが事務局です。ですから，国連改革という言葉で表される様々な見直しプロセスの中には，(1)加盟国の意思決定の仕方の見直しに関わるものもあれば，(2)事務局の活動実施の仕方の変更に関わるものもあります。また，(3)加盟国と事務総長との関係の見直しに関するものもあります。先に挙げた，安全保障理事会の改革は，(1)の加盟国の意思決定の仕方の見直しにあたるもので，この議論に事務局が関与する余地は極めて少なく，基本的には加盟国同士で行われるべきものです。(2)の事務局の活動実施の仕方の変更に関わるものの典型的な例は，事務局組織の再編です。この議論は，実施主体である事務局側（事務総長）から提起されることも，指示主体である加盟国側から提起されることもあります。そして(3)の，加盟国と事務総長との関係の見直しというのは，提案する立場の事務総長，決定・指示する立場の加盟国，そして実施する立場の事務総長のそれぞれの境界をどこに引くかという問題で，国連設立当初から議論され続けてきた問題でもあります。そして，これら3つのい

---

(8)　Annual report of the Secretary-General to the Member States on the work of the United Nations for the period 1 July 1953-30 June 1954（A/2663）.

ずれも，加盟国が，それぞれの機関の意思決定の方法にのっとって決定・承認する必要があります。

　現在の国連事務総長であるグテレス氏は，2018年に就任以来，開発，マネジメント，平和と安全という3分野での改革に取り組んでいます。そのうち，開発分野の改革は，持続可能な開発目標（SDGs）を効果的に支援するための国連と基金・計画や関係機関との連携の在り方などに関する，国連事務局のなかに限られないものです。マネジメントの分野の改革は，事務局組織の早期対応能力や清廉性の強化を目指すもので，平和と安全分野の改革は，紛争予防や平和構築も含めた平和活動をいかに展開していくかというものです。それぞれの分野の中で，「これ1つが見直しの対象だ」というものではなく，(1)，(2)，(3)それぞれの側面を持ついくつもの要素が関連しあっています。加盟国の考え方も，それぞれの要素ごとに異なるので，見直しの要素が増えれば，交渉も複雑になります。

　国連や国際機関の改革が必要だ，ということが，日本国内でも他の国でも頻繁に叫ばれています。念頭においておかなければならないのは，改革や見直しも，他の議題と同様に，それぞれの機関の意思決定の方法にのっとって，加盟国間の交渉を行わなければならないということです。改革の問題を議論するときも，国連総会の1国1票のしくみは変りません。また，お金をたくさん払っているから，自動的に他の国々がその国の改革案を支持してくれるというわけでもありませんし，内容が正しければ，黙っていても他の国が支持してくれる，ということもありません。そもそも何かが「正しい」かは，193か国もいる加盟国の中では，相対的なものにならざるを得ません。そういった環境で，改革の議論を求める方向へ導いていくには，国内で支えられた政策や方針と，交渉の現場で合意を形成し

ていく力が不可欠です【ここを参照 ☞「国連では，分担金を多く払っていると発言力が高まるのですか？」】。

　国連は，世界政府や各国政府を超越した力を持つ存在ではなく，国連事務総長は，大統領や大岡越前のような存在ではありません。国連は，加盟国が協議をして意思決定を行う場であり，わかりやすく「悪い奴を懲らしめ」る力を持っていたり，つねに明快な解決法を持っていたりするわけではありません。むしろ，そのような単純な問題解決方法を避けて，紛争を解決することを求めて作られた集まりだといえます。ですから，「国連は何もしてくれない，役に立たない」と批判したり，『「国連」という誰かがこんなことを言ったがけしからん，国連などやめてしまえ』という拒否反応を示したりするのは，国連に対する過大な期待の結果といえます。ですが同時に，そのような反応を持つことは，国連の姿を知るとても大切なきっかけでもあります。国連に対して批判的な感想を抱いたときに，もう少しその背景に関心を持ち，疑問を周囲の人と共有したりすることで，課題のより具体的な理解や，多様な考えとの出会いにつながると思います。経済や社会，政治，その他あらゆる分野において，国連や国連関係機関の合意形成は，これまでになく，市民や様々な業界の理解とインプットを必要としています。そしてこのような合意形成において，加盟国を様々な面で支えているのは，私たち市民の理解です。国連というもののリアルな姿に関心を持ち，理解を深めていくことが，私たちの重要な役割であり，国連での加盟国間の合意形成を支える力になるのです。

おわりに——国連って誰のことですか

　国連はとても遠いところで，そこで何が起こっているかなんて，私たちには知り得ない秘密だと思っていませんか？

　そんなことはありません。国連事務局の広報局は，国連で加盟国が議論していることや国連事務局の活動を，できるだけ広く知ってもらうことを任務の一つとしています。昔は，本やパンフレットなどの印刷物が唯一の手段でしたが，技術が進化した現在，広報局は色々な方法で情報の提供を行っています。例えば，広報局のウェブサイトでは，国連本部で行われている公開が原則の公式の会合の多く（ニューヨークの国連本部で開催されているものについてはほとんど）を，ライブで放映しています。その会合が採用している言語（通訳後のものを含む）が聞けますが，英語は基本的にどの会合でも聞くことができます。また，会合の様子を文字に落としたもの（ミーティング・カバレッジ）や，記事資料なども，早ければその日のうちに掲載されます。国連の正式な議事録は，必要な手続きや処理を経る必要があるので発出に時間がかかりますから，このような迅速な情報提供は，世界の市民の人々が国連のいまを知るのにとても役立っています。国連の報道官や事務総長による記者会見の様子も，同じようにライブ放映され，カバレッジが掲載されます。（注：2020年5月現在，新型コロナウィルスの感染拡大のため，国連本部内での会合は制限されているため，公開が限定的になっています。）

　加盟国が，審議の基礎としている文書のうち，公式文書はそのほとんどが国連のウェブサイトから読むことができます。また，審議の成果である決議は，採択された後，その協議体の全ての公用語で

173

公表されます。特に重要なものについては，国連広報センターや外務省が，日本語の公定訳をつくります。

国連広報局は，PKOや環境など様々な分野での最新の取り組みについての動画やパンフレットも掲載しています。パソコンやスマートフォンがあれば，日本にいても，旅行中であっても，「国連で起こっていること」を知ることができるのです。

国連で加盟国が決定したことや事務局が行う活動は，私たちの生活に大きく関わっています。軍縮や核不拡散，安全保障や平和維持などに関わる問題が，日本が国際社会で生きていくために不可欠の問題であることはいうまでもありませんが，ほかにもさまざまな分野の決定や活動が，日常生活に関連しています。例えば，政策をつくるのに重要な国際統計は，国連と専門機関が提供しています。国連は，人口や出生率・死亡率，国民経済計算，貿易や鉱工業製品の生産量などについて，各国から提供された統計データをまとめて国際統計を編集しています。（ちなみに，就業者や労働時間，賃金などに関する統計は，国際労働機関（ILO）が，栄養や疾病などに関する統計は，世界保健機関（WHO）が，教育や識字率は国連教育科学文化機関（UNESCO）が編集しています。）安全保障理事会の決議による輸出入制限は，安全保障面でだけでなく，経済活動にも直接関係します。また，島国である日本にとって，国土を取り囲む海の主権が及ぶ範囲（領海）やその周囲（排他的経済水域）が政治的にも経済活動においても安全を確保されていることは非常に重要ですが，このような海に関する国際的なルールを策定しているのは，1982年に国連総会が採択した国連海洋法条約です。国際的な人権規範や，環境保護に関する取り決めなどにも，国連総会で起草・採択したものがたくさんあります。

　「加盟国」は，国連という協議体において「われら人民」を代表するしくみです。そして，「加盟国」は，それぞれの国民のみならず，世界の諸国の人々のために行動することが求められています。つまり，「私たち」は，国連の様々な活動の目的であると同時に，そのメンバーシップの基盤でもあります。私たちには，重要な役割があります。加盟国の市民として，国連についての理解を深めることです。加盟国を支えているのは，市民の理解です。国連というものの現実の姿に関心を持ち，理解を深めていくことが，私たちの重要な役割であり，国連での合意形成を支える力になるのだと思います。

　持続可能な開発目標（SDGs）は，国連総会決議70/1として採択されました。採択に至るまでには，加盟国の政府の代表間の交渉だけでなく，研究者，財界や医療関係など各分野の関係者や，市民団体も広く関与したヒヤリングが行われました。この他にも，各分野の専門家や市民団体の助言や意見を必要とする事項は，ますます増えてきています。国連とは，そして加盟国とは，私たちのことです。

自国の政府に，市民が必要と考えることを提言し，また自国の政府が国連決議の履行のためにとった措置について正しく理解し，履行を後押しすることは，私たち市民の重要な役割です。

写真36　国の数だけ考え方がある。合意の形成を支えるのは私たち市民の理解だ。

参照文献一覧

安藤仁助・中村道・位田隆一（編）（2004）『21世紀の国際機構：課題と展望』東信堂

植木俊哉（2003）『国連による紛争処理システムの構造と課題——20世紀の普遍的国際組織による紛争処理機能再考——』「世界法年報」第23号

香西茂（1996）『国連の平和維持活動』有斐閣

香西茂＝安藤仁介（編集代表）（2002），『国際機構条約・資料集［第2版］』東信堂

酒井啓亘（2003）『国連憲章第39条の機能と安全保障理事会の役割：「平和に対する脅威」概念の拡大とその影響』山手治之・香西茂編集代表「21世紀国際社会における人権と平和：下巻 現代国際法における人権と平和の保障」東信堂

酒井啓亘（1996）「国連平和維持活動の今日的展開と原則の動揺」『国際法外交雑誌』94巻5・6号

佐藤哲夫（2000）『国際連合憲章第七章に基づく安全保障理事会の活動の正当性』一橋大学研究年報 法学研究

色摩力男（2001）『国際連合という神話』PHP新書

神余隆博（1995）『国際平和協力入門』有斐閣

芹田健太郎（1996）『普遍的国際社会の成立と国際法』有斐閣

芹田健太郎（編集代表）（2008）「コンパクト学習条約集 第2版」信山社

田所昌幸（1996）『国連財政 予算から見た国連の実像』有斐閣

高須幸雄（1994）「財政危機はいかに回避されるか」（『外交フォーラム』No.72）

田畑茂二郎＝大寿堂鼎編（1994）『ケースブック国際法［新版］』有信堂

田畑茂二郎＝竹本正幸＝松井芳郎編集代表（2000）『判例国際法』東信堂

中村道（2009）『国際機構法の研究』東信堂

最上敏樹（2005）『国連とアメリカ』岩波新書

最上敏樹（2016）『国際機構論講義』岩波書店

森川幸一（1992）『ポスト冷戦とPKO』専修大学社会科学研究所月報

山下光（2005）『PKO概念の再検討——「ブラヒミ・レポート」とその後——』防衛研究所紀要第8巻第1号（2005年10月）

山本慎一（2007）『国連安保理による「授権」行為の憲章上の位置づけに

関する一考察──多機能化する多国籍軍型軍事活動を例として──』外務省調査月報 2007/No.2

横田洋一（1984）『国際機構における権利停止および除名の法的基礎 カルチック論文の紹介と論評」「社会科学ジャーナル」第二二号（二）

横田洋三（1996）「国際法入門」有斐閣アルマ

吉田康彦（2003）『国連改革──「幻想」と「否定論」を超えて』集英社

Bertrand Maurice (1989) *"The Third Generations World Organization"* Martinus Nijhoff

Constantin A. Stavropoulos *"The Practice of Voluntary Abstentions by Permanent Members of the Security Council Under Article 27, Paragraph 3, of the Charter of the United Nations"* The American Journal of International Law Vol. 61, No. 3 (Jul., 1967), pp. 737-752, Cambridge University Press

Bosco, David L. (2009) *"Five to Rule Them All: The UN Security Council and the Making of the Modern World* (First edition)" Oxford University Press

Fee, E, Cueto, M, and Brown, T. M. (2016) *"At the Roots of The World Health Organization's Challenges: Politics and Regionalization"* American Journal of Public Health. 2016 November; 106 (11) American Public Health Association

Jussi M. Hanhimaki (2015) *"The United Nations: A Very Short Introduction"* Oxford University Press

Kelsen, Hans (1948) *"Withdrawal from the United Nations"* The Western Political Quarterly Vol. 1, No. 1 (Mar., 1948), pp. 29-43

Kennedy, Paul (2006) *"The Parliament of Man The Past, Present, and Future of the United Nations"* Random House

Leo Gross (1951) *"Voting in the Security Council: Abstention from Voting and Absence from meetings"* Yale Law Journal Volume 60 Issue 2

Pellet Alain = Cot Jean Pierre (ed.) *"La charte des Nations Unies : commentaire article par article"* 中原喜一郎，斎藤惠彦（監訳）(1993)『コマンテール国際連合憲章　国際連合憲章解説』東京書籍

Schlesinger, Stephen C. (2003) "Act of Creation: The Founding of The United Nations" Westview Press

Security Council Report: Special Research Report (2011) *"Appointment of the UN Secretary-General"* Security Council Report, 2011 No. 3

Security Council Report: Research Report (2015) *"Appointing the UN Secretary-General"*

Security Council Report: Research Report on the Veto, published on 19 October 2015.

Security Council Report: November 2016 Monthly Forecast "In Hindsight: A New Process for Selecting a New Secretary-General"

United Nations (2008) United Nations Peacekeeping: Principles and Guidelines (Capstone Doctrine). New York: UN Department of Peacekeeping Operations.

United Nations (2009) A NEW PARTNERSHIP AGENDA CHARTING A NEW HORIZON FOR UN PEACEKEEPING, New York, Department of Peacekeeping Operations and Department of Field Support

US Congress document: U.S. PARTICIPATION IN UNITED NATIONS PEACEKEEPING ACTIVITIES, Hearing before the Subcommittee on International security, International organizations and human rights of the Committee on Foreign affairs, House of Representatives, One hundred third Congress, First session June 24, September 21, and October 7, 1993

US Congress document: A report on the United Nations Reform, Hearing before the Committee on Foreign Relations, First session, January 9, 2001

〈著者紹介〉

岩谷 暢子（いわたに・のぶこ）

1993年9月〜1994年6月　Katholieke Universiteit Brabant（Tilburg University）
1995年3月　国際基督教大学教養学部社会科学科卒業（教養学士）
2000年7月　The Hague Academy of International Law
2003年9月　神戸大学大学院国際協力研究科博士後期課程修了（博士（法学））

1997年6月〜2000年6月　在ジュネーブ国際機関日本政府代表部
2002年9月〜2004年9月　国際連合日本政府代表部
2005年4月〜2007年9月　外務省国際社会協力部国連行政課／総合外交政策局国連
　　　　　　　　　　　　企画調整課
2007年9月〜2010年8月　在ガーナ日本国大使館一等書記官
2010年9月〜2013年5月　在フィジー日本国大使館一等書記官
2013年5月〜2016年1月　内閣府国際平和協力本部事務局主査
2016年2月〜2019年1月　国際連合日本政府代表部一等書記官

主要著書
『国連総会の葛藤と創造』2019年，信山社

信山社ブックレット

国連って誰のことですか

2020（令和2）年7月30日　第1版第1刷発行

Ⓒ著　者　岩　谷　暢　子
　発行者　今井　貴・稲葉文子
　発行所　株式会社 信　山　社

〒113-0033　東京都文京区本郷6-2-9-102
Tel 03-3818-1019　Fax 03-3818-0344
笠間才木支店　〒309-1611　茨城県笠間市笠間 515-3
Tel 0296-71-9081　Fax 0296-71-9082
笠間来栖支店　〒309-1625　茨城県笠間市来栖 2345-1
Tel 0296-71-0215　Fax 0296-72-5410
出版契約 No.2020-8647-01011

Printed in Japan, 2020 印刷・製本 ワイズ書籍(M)／渋谷文泉閣
ISBN978-4-7972-8647-2 C3332 ¥1600E 分類 329.000
p.192 8647-01011：012-010-008

国際人権法　芹田健太郎　著

ブリッジブック国際人権法（第2版）
　芹田健太郎・坂元茂樹・薬師寺公夫　著

普遍的国際社会への法の挑戦 ― 芹田健太郎先生古稀記念
　坂元茂樹・薬師寺公夫　編集

実証の国際法学の継承 ― 安藤仁介先生追悼
　芹田健太郎・坂元茂樹・薬師寺公夫・浅田正彦・酒井啓亘　編集

実証の国際法学　安藤仁介　著

人権条約の解釈と適用　坂元茂樹　著

国際公務員法の研究　黒神直純　著

国際裁判の動態　李　禎之　著

プラクティス国際法講義（第3版）
　柳原正治・森川幸一・兼原敦子　編集

ブリッジブック国際法（第3版）　植木俊哉　編集

国際法研究　岩沢雄司・中谷和弘　責任編集

ヨーロッパ人権裁判所の判例Ⅱ
　小畑　郁・江島晶子・北村泰三・建石真公子・戸波江二　編集

国際法研究　岩沢雄司・中谷和弘　責任編集

芹田健太郎著作集　全13巻

信山社

コンパクト学習条約集

〔第3版〕

編集代表 芹田健太郎

◆軽量・薄型約集が待望のアップデート！ ― 初学者の
毎日の手元の学習用として、プロの携帯用として利便◆

条約が語る、激動する世界の動きや国際情勢を読む
ヒントとなる条約集。各章ごとの解説や現代の国際
社会への理解を深めるための「ミニ解説」、重要な話
題に関する「コラム」、WEB 活用の案内など、一歩す
すんで条文の理解を助ける。第 3 版では収録項目の
見直しと、SDGs、パリ協定、TPP11 などを新たに収
録。一家に 1 冊 !! ニュースをよりよく知るために。

I　国　　家
II　人権保障
III　国際機構
IV　国際協力
V　国際裁判
VI　武力衝突
VII　日本の平和友好関係の再構築

編集代表：芹田健太郎
編集委員：黒神直純・林美香・李禎之
　　　　　新井京・小林友彦・前田直子

信山社

国連総会の葛藤と創造
―国連の組織、財政、交渉―

岩谷暢子 著

国連とは誰のことか？ 財政交渉から見る多国間意思形成。財政（カネ）、機構、人的資源（ヒト）の動きを俯瞰し、国連の行財政問題に焦点を当てて、最新情報を紹介。実務者、研究者、国連を目指す学生必携の「しくみとルール」がわかる、現場経験者による待望の手引書。PKO の予算、国連分担金と発言力の比重、「何」にお金を付けるか、etc。

信山社